Ruth Steiner **Was ich dich noch fragen wollte ...**

Ruth Steiner

Was ich dich noch fragen wollte …

Eine Christin auf der Suche nach ihrer jüdischen Identität

Wiener Dom-Verlag

Innerhalb der zitierten Textstellen (Briefe, Essays etc.) wurde die ursprüngliche Schreibweise bewusst beibehalten.
Geringfügige Veränderungen wurden lediglich vorgenommen, um die Lesbarkeit zu gewährleisten. Diese Passagen sind in der alten Rechtschreibung gehalten.
Der aktuelle Text folgt den Richtlinien der neuen Rechtschreibung.

Erste Auflage

Bildnachweis:
Privatbesitz
Dr. Philomena Leiter, Wien (S. 98)
Franz Josef Rupprecht, Mönchhof (S. 146)

Lektorat:
Mag. Maria Ankowitsch

Gestaltung:
Gerri Zotter

Gesamtherstellung:
Wiener Dom-Verlag, Wien

ISBN-10 3-85351-195-3
ISBN-13 978-3-85351-195-4

Meinen Eltern und Großeltern

Inhalt

Vorwort

Das neue Buch von Ruth Steiner ist eines der berührendsten, das in letzter Zeit herausgekommen ist. Es wirft ein Licht auf einen oft vergessenen und verdrängten Aspekt der Tragödie der »Schoah«: Die Situation der Menschen, die nach den Vorstellungen der Machthaber und ihrer akademischen »Zuarbeiter« in einer so genannten »Mischehe« lebten.

Der »rote Faden« des Buches ist ein fiktives Gespräch Ruth Steiners – der langjährigen Generalsekretärin der Katholischen Aktion Österreich – mit ihrer Großmutter, einer gläubigen Katholikin, die mit einem Juden verheiratet war. Als das Unheil über Österreich hereinbrach, musste die Familie in das »Mischehenghetto« in der Wiener Leopoldstadt übersiedeln. Die schriftlichen Äußerungen der Großmutter von Ruth Steiner zeichnen die entsetzliche Not der Menschen nach, die von einer absurden Ideologie aus ihrem Leben gerissen wurden.

Wie schon in ihrem ersten Buch »Daheim in zwei Religionen – Mein Bekenntnis zum Judentum und Christentum« macht Ruth Steiner auch in ihrem neuen Buch deutlich, wie sehr das Christentum auf den Schultern des Judentums steht. Unser unvergessener Kardinal Franz König hat immer wieder daran erinnert, dass es »ohne Judentum kein Christentum« gebe. Das ist auch meine Überzeugung: Die Christen müssen die Wurzel hoch schätzen, die sie trägt.

Allzu lange haben die Christen das vergessen. Dass es heute anders ist, verdanken wir auch dem Zweiten Vatikanischen Konzil und dem unermüdlichen Einsatz des verstorbenen Papstes Johannes Paul II.

Das neue Buch von Ruth Steiner im Wiener Domverlag erschließt einen sehr persönlichen Zugang zur dramatischen Situation der Opfer der NS-Ideologie. Möge in der Erinnerung an diese Opfer deutlich werden, dass es kein Vergessen geben darf, wenn wir ein neues Miteinander weiter aufbauen wollen. Ruth Steiner leistet durch ihre Gespräche in Pfarren, kirchlichen Bildungshäusern und sonstigen Institutionen einen wesentlichen Beitrag für die »Reinigung des Gedächtnisses« und für dieses Miteinander. Ich danke ihr von Herzen dafür. Sie setzt alle ihre Kräfte in so bewundernswerter Weise für das große Anliegen des Dialoges ein.

Wien, im Dezember 2005 + Christoph Kardinal Schönborn
Erzbischof von Wien

Vorwort

Ich bin ein überzeugter Anhänger des christlich-jüdischen Dialoges. Gleichzeitig bin ich meistens gegen eine Vermischung der beiden Religionen.

In einem Gespräch zum Dialog, in dem von einer Brücke zwischen Christentum und Judentum gesprochen wurde, habe ich betont, dass eine Brücke nur dann tragfähig ist, wenn die Pfeiler auf beiden Ufern fest und tragfähig sind.

Eine Ausnahme in meinem Herzen ist Frau Ruth Steiner, die aus beiden Traditionen stammt und beide glaubhaft lebt. In dem vorliegenden Buch argumentiert sie in persönlicher und berührender Weise diese Überzeugung und Lebensführung.

Auch ich danke Frau Ruth Steiner für ihre unermüdliche Tätigkeit für die Verständigung zwischen Juden und Christen und so für den Frieden aller Menschen.

Wien, 23. Dezember 2005

Prof. Paul Chaim Eisenberg
Oberrabbiner von Wien
und Österreich

Meine Großmutter Therese Lindenberg, August 1978

Alles Tragende in der Gesellschaft
basiert auf der Grundlage der Zehn Gebote.
FRANZ KARDINAL KÖNIG

1 Einführung: Gespräch mit meiner Omi Therese Lindenberg

Liebe Omi!

Ich stelle mir vor, ich sitze mit dir in der Sambeckgasse im 14. Bezirk in Wien, in deinem Garten unter dem Feigenbaum, und rede mit dir über Gott und die Welt. Das haben wir zuletzt vor ungefähr fünfunddreißig Jahren gemacht. Du bist zwar längst gestorben, aber du bist für mich so wirklich da. Ich bin überzeugt, du bist im Geiste bei mir.

Ich habe erst kürzlich einen Brief aus dem Jahre 1963 gefunden, der sehr gut meine Beziehung zu dir beschreibt:

24. XII. 63

Liebe Großmutter!

Du weißt, ich rede nicht gern darüber, wie ich Dich gerne habe, da man, glaube ich, besser es im Herzen denkt als im Munde. Aber wir wissen schon, wie wir zueinander stehen.

Ich möchte Dir auf diese Weise ein gesegnetes Weihnachtsfest mit uns wünschen. Für das Jahr 1964 wünsche und hoffe ich, daß es ein glückliches und gesundes Jahr für Dich sein wird.

Nun muß ich dir noch etwas sagen. Ich kann mir gut vorstellen, daß Du manchmal das Gefühl hast, daß wir Dich nicht so sehr brauchen wir früher. Liebe Großmutter, falls dies der Fall ist, möchte ich Dir etwas klar machen. Vielleicht brauchen wir Dich nicht mehr so viel körperlich, wie wir es in der Vergangenheit gebraucht haben, aber wenigstens ich brauche Dich in einer anderen Weise. Und zwar seelisch, ja diesbezüglich bist Du mein Vorbild, mein Ziel ist, so zu sein wie Du es bist. Von Dir geht eine solche Wärme aus, daß man Hast und Haß des Alltags verliert. Nicht nur ich brauche Dich, sondern wir alle, laß Dir das nicht aus dem Kopf gehen.

Kein Tag vergeht, ohne daß ich Dich in meinem Gebet eingeschlossen habe. Ich hoffe, daß der Herr Gott Dich noch lange in unserer Mitte weilen läßt.

Nochmals alles Gute wünscht Dir Deine
Dich von ganzem Herzen liebende Enkelin
Ruth

Ich habe noch immer so viele Fragen an dich, die du nicht mehr beantworten kannst. Aber vielleicht gelingt es mir, mithilfe all deiner Manuskripte deine Antworten zu finden.

Warum hast du, Omi, so wenig gesprochen über die Zeit von 1938 bis 1945?

Wenn ich gefragt habe, bist du nur ausgewichen oder hast geweint. Doch du hast mir etwas hinterlassen: deine Tagebücher, darunter »Die Apokalyptischen Jahre (1938–1945)«, die du am 18. Juni 1975 beendet hast. Dazu deinen Essay »Die Leopoldstadt unter Hitler«, an dem du bis 1969 gearbeitet hast, und das von dir so benannte »Denkmal«, das du deinem

Mann nach seinem Tode »gesetzt« hast: »Stärker als der Tod ist die Liebe. Nicht getrennt – neu verbunden. Ein Denkmal.«, datiert mit 2. Jänner 1953. Sie sagen eigentlich alles aus über deine Ansichten.

Du bist im April 1980 gestorben. Bis heute verkrafte ich es nicht, dass ich dich an deinem Todestag nicht besucht habe. Du bist an einer Unterleibsoperation gestorben, im achtundachtzigsten Lebensjahr. Mutti und Papi waren im Wilhelminenspital und sagten, ich solle noch einen Tag warten, bis du aufwachst. Ein paar Minuten nach ihrem Besuch bist du gestorben, das Telegramm kam am nächsten Tag. Ich werde nie vergessen, wie ich nach dieser Nachricht mit Mutti in Sittendorf, entlang der alten Autobahn, spazieren gegangen bin. Sie hat so furchtbar geweint und du weißt, sie hat ihre Gefühle sehr selten gezeigt.

Das Thema dieses Buches ist die Suche nach meiner Identität in Anbetracht der Verfolgung meiner jüdischen Eltern und Großeltern. Den roten Faden des Buches bildet ein fiktives Gespräch mit dir, Omi. Deine Lebensauffassung und deine Betrachtungen der politischen und religiösen Situation habe ich deinen autobiografischen Aufzeichnungen entnommen. Damit setze ich mich ganz persönlich auseinander.

Du bist zwar gestorben, aber wer weiß ...? Vielleicht hörst du mir ja doch irgendwo zu?

Damit andere unserem Gespräch folgen können und die Zusammenhänge zwischen den Personen und Ereignissen besser verstehen, möchte ich ein bisschen aus unserer Familiengeschichte erzählen.

2 Familiengeschichte

Vor ein paar Jahren, anlässlich der Auflösung des Hauses meiner Eltern in der Salesianergasse, sind Kisten von Briefen und Fotos zu Tage getreten, von meinen Eltern, Großeltern und deren Freunden. An die tausend Briefe – vor allem von 1938 bis 1962, jenen Jahren, in denen meine Eltern auf den Philippinen waren – sind erhalten geblieben und haben den Krieg überstanden. Viele von ihnen sind durch die Zensur gegangen, sowohl während der Zeit des Nationalsozialismus, der japanischen Besetzung als auch der Zeit der Alliierten nach dem Krieg in Europa. Um die Nationalsozialisten irrezuführen, wurden Briefe sogar mit falschen Informationen versehen. Diese Briefe habe ich dem Dokumentationsarchiv des Österreichischen Widerstandes und der Exilforschung zur Verfügung gestellt. 2004 hat die Österreichische Gesellschaft für Exilforschung mit einigen anderen Institutionen unter anderem ein Symposium veranstaltet zum Thema: Österreichisches Exil auf den Philippinen, bearbeitet von Christine Kanzler. Die Teilnachlässe meiner Eltern Mona Lisa und Hans Steiner wurden dafür verwendet.

Zwischen 1938 und 1941 ist zirka 180 Österreicherinnen und Österreichern die Flucht auf die Philippinen gelungen,

Therese Lindenberg im Alter von zwanzig Jahren, 1912

Therese Lindenberg mit ihrer Tochter Monica Lise, 1916

die meisten waren Verfolgte aus rassischen Gründen. Ab November 1941 gab es ein generelles Ausreiseverbot aus dem Deutschen Reich, vielleicht hätten noch einige Menschen auf den Philippinen Zuflucht gefunden.

Meine Großmutter hat von ihrem sechsten bis zu ihrem achtundachtzigsten Lebensjahr ein Tagebuch geführt und über achtzig Manuskripte geschrieben. Einen Teil davon hat noch meine Mutter zu ihren Lebzeiten der »Sammlung Frauennachlässe« am Institut für Geschichte der Universität Wien überlassen, wo privates Schrifttum von Frauen dokumentiert und der historischen Forschung zugänglich gemacht wird. Dort beschäftigte sich daher im Studienjahr 2004/05 das Forschungsseminar »Leben texten?« unter der Leitung von Frau Prof. Christa Ehrmann-Hämmerle mit dem Nachlass meiner Großmutter Therese Lindenberg, wobei von den Studierenden vor allem ihre Tagebücher und literarischen Manuskripte herangezogen wurden.

Meine Großmutter Therese Lindenberg, geb. Trestl (1893–1980) ist im Weinviertel, in Niederösterreich, in einer katholischen Familie aufgewachsen. Therese war ein uneheliches Kind. Ihre Mutter, Rosa Lang, war Schneiderin, ihr leiblicher Vater ein jüdischer Kaufmann. Therese lernte Gesang, war Konzertsängerin und auch Schriftstellerin. Sie war Katholikin und sehr religiös. Um den Juden Ignaz Lindenberg zu heiraten, ist sie 1915 aus der Kirche ausgetreten und war konfessionslos. 1938 ist sie wieder in die römisch-katholische Kirche eingetreten, um ihren Mann, mit dem sie nach den Nürnberger Rassengesetzen eine Mischehe

Mein Großvater Ignaz Lindenberg, 1946

führte, zu retten.[1] Sie hat ihn zu diesem Zeitpunkt auch kirchlich geheiratet. Therese und Ignaz hatten zusammen eine Tochter, Monica Lise, Lisl genannt.

Mein Großvater Ignaz Lindenberg (1875–1952) war Beamter bei der Creditanstalt und hat in seiner Freizeit komponiert. Er engagierte sich in der Zwischenkriegszeit im Kleingärtnerverein und in verschiedenen politischen und kulturellen Organisationen. Als Jude war er während des Krieges gemeinsam mit meiner Großmutter zwangsweise im jüdischen Ghetto in den Judenhäusern im II. und VI. Bezirk (Haidgasse, Große Schiffgasse und Sandwirtgasse). Ab Herbst 1941 musste er den Judenstern tragen. Er hat sich erst auf seinem Totenbett zum Judentum bekannt, weil er es für unmöglich hielt, die Verfolgung der Juden nicht zu teilen. Er fühlte sich immer schon zur jüdischen Volksgruppe gehörig, auch ohne religiöse Einstellung.

Meine Mutter Dr. Mona Lisa Steiner geb. Lindenberg (1915–2000) hieß eigentlich Monica Lise, genannt Lisl. Da das aber in Manila niemand verstand, wurde sie Mona Lisa genannt. Ihre Geburtsurkunde hatte sie von der Israelitischen

1 Im NS-Staat hatte der Begriff »Mischehe« nichts mit der unterschiedlichen Konfessionszugehörigkeit der Ehepartner zu tun, sondern bezog sich ausschließlich auf Ehen, in denen einer der Partner nach den Nürnberger Rassengesetzen als »Jude« eingestuft wurde. Das zweite der Nürnberger Rassengesetze von 1935, das »Gesetz zum Schutze des deutschen Blutes und der deutschen Ehre«, verbot Ehen zwischen »Juden« und »Nichtjuden« ebenso wie zwischen »Mischlingen ersten Grades« und »Nichtjuden«. So genannte »Mischlinge zweiten Grades« sollten weder »Juden« noch andere »Mischlinge« heiraten dürfen.

Kultusgemeinde, sie besuchte auch den jüdischen Religionsunterricht. Im März 1938 ist sie aus der Kultusgemeinde ausgetreten, aber nach den Nürnberger Gesetzen galt sie trotzdem als Jüdin und musste fliehen. Hitler bestärkte ihr Gefühl der Zugehörigkeit zum Judentum. Meine Mutter hat in Wien Botanik studiert, doch wurde ihr die Studienberechtigung durch die Nazis entzogen. (Im Jahr 1954 hat sie das Doktorat der Botanik auf der Geisteswissenschaftlichen Fakultät der Universität Wien nachgeholt.) Sie ist allein aus Wien geflüchtet, mit nichts als zehn Reichsmark, einer Gitarre, einem Mikroskop und einem Koffer. Als sie sich von ihren Eltern in Wien verabschiedete, war sie zweiundzwanzig Jahre alt. Die Eltern sind in Wien geblieben und haben den Krieg überlebt. In Singapur bekam meine Mutter ein Visum für Manila, Philippinen, damals ein Commonwealth-Land der USA. In den ersten Jahren unterrichtete meine Mutter Botanik an der Universität in Manila (University of the Philippines). Ihre wissenschaftlichen Publikationen über die philippinische Flora, vor allem die Orchideen, fanden in Fachkreisen viel Anerkennung. Noch heute wird das Buch »Philippine Ornamental Plants« als Lehrbuch verwendet. Sie war sehr bekannt und publizierte regelmäßig als Kolumnistin in zwei der größten philippinischen Zeitungen über Pflanzen. Im Jahre 1996 hat sie für ihre wissenschaftliche Tätigkeit den »Banaang Award«, die höchste Auszeichnung der Philippinen für Ausländer, erhalten. Übergeben wurde ihr dieser Preis vom philippinischen Präsidenten Fidel Ramos in Wien. Den Berufstitel Professor erhielt sie 1998. 1999 initiierte sie eine Internet-Datenbank zur mehrsprachigen Erfassung von Nutz- und Kulturpflanzen an der Universität für Bodenkultur (www.foodplants.at).

1962 kehrten meine Eltern zuerst nach Deutschland und 1965 nach Österreich zurück. Meine Mutter unterrichtete Blumenstecken in der Österreichischen Gartenbaugesellschaft und publizierte auf diesem Gebiet sehr viel.

Im Jahre 1940 hatte sie auf den Philippinen meinen Vater Dr. Hans Steiner geheiratet, mit dem sie drei Kinder hatte: Helen, Bethly und mich. Zwei Jahre nach der Heirat brach der Krieg mit den Japanern aus, der drei Jahre, bis 1945, dauern sollte. In den Fünfzigerjahren wurden meine Mutter und wir drei Mädchen in die Union Church of Manila »eingeführt«.

Mein Vater Dr. Hans Steiner (1908–1980) kam – wie mein Großvater – aus einer jüdischen Familie. Sein Vater, Dr. Simon Steiner, war Facharzt für Orthopädie, die Mutter ist früh verstorben. Simon hatte neunzehn Geschwister, von denen ein Großteil mit ihren Familien in Konzentrationslagern umgekommen ist. Mein Vater Hans hatte zwei Brüder, Ernst und Hugo, sie alle sind 1938 aus Wien geflohen. Ernst und Hugo flüchteten nach England, wo sie bis zu ihrem Tod lebten. Simon Steiner starb, als er erfuhr, dass seine drei Söhne ins Ausland geflohen waren und sich in Sicherheit befanden.

In Wien war mein Vater Hans nach dem Jus- und Welthandelsstudium Rechtsanwalt, wurde jedoch 1938 als Jude von der Rechtsanwaltsliste gestrichen. Er flüchtete nach Dänemark zu seinen Pflegeeltern Ragnhild und Rasse Christiansen, bei denen er nach dem Ersten Weltkrieg als »Wiener Kind« (Projekt der Dänen zur Versorgung von unterernährten Kindern während des Ersten Weltkriegs) Aufnahme gefunden hatte. Als die Nazis in Dänemark einmarschierten,

Meine Eltern, Dr. Monica Lise und Dr. Hans Steiner, Manila 1941

musste er auch von dort flüchten. Er bekam ein Visum für Manila, Philippinen, und arbeitete auf einem Schiff als Steward, um sich die Reise zu finanzieren. In Manila unterrichtete er auf der Universität als Professor für Sprachen und Kunstgeschichte. Er war sehr sprachbegabt, sprach Englisch, Französisch, Spanisch, Dänisch, Schwedisch, Norwegisch und Deutsch. Während des Krieges auf den Philippinen arbeitete er zeitweise für das Rote Kreuz und nach dem Krieg bis zu seiner Pensionierung für Unilever. Ehrenamtlich war er österreichischer Handelsdelegierter und Generalkonsul. Er hat die wirtschaftlichen und vor allem die kulturellen Beziehungen zwischen Manila und Wien aufgebaut und unter anderem Konzerte mit den Wiener Philharmonikern unter Herbert von Karajan, Eduard Strauß und Gottfried von Einem organisiert. Mein Vater war lebenslang Mitglied der Israelitischen Kultusgemeinde in Wien, in Manila Mitglied der philippinischen Gemeinde, aber nicht religiös.

Ich, Mag. Ruth Steiner (geb. 1944), wurde während der japanischen Besatzungszeit auf den Philippinen geboren. Bis 1959 besuchte ich die amerikanische Schule in Manila, dann das katholische Privatinstitut Neulandschule in Wien, wo ich 1963 maturierte. Ich konvertierte 1962 zum Katholizismus, was mein Leben bis heute sehr prägt. Ich sehe mich als Christin jüdischer Herkunft. Nach dem Gymnasium absolvierte ich das Jus-Studium und arbeitete dann fünfzehn Jahre lang als Personalchefin, zuerst bei der IIASA (Internationales Institut für Angewandte Systemanalyse) in Laxenburg und dann bei der Citibank (Austria) AG in Wien. 1986 bis 2000 war ich

Generalsekretärin der Katholischen Aktion Österreichs, der offiziellen Laienorganisation der katholischen Kirche. Seit 2000 bin ich Pensionistin und engagiere mich vor allem im Gespräch zwischen Christen und Juden. Ich bin auch im Vorstand des österreichischen Mauthausen-Komitees. Ich halte Vorträge und begleite Diskussionen in Schulen, Bildungshäusern und Pfarren zum Themenbereich »Gemeinsames und Trennendes zwischen Christentum und Judentum«.

Ein Disput 3

Und nun zu dir, Omi. Ich möchte versuchen, einige Themen mit dir durchzugehen. Ich beginne mit deiner Beziehung zum Judentum.

Natürlich kann ich nicht ausschließen, dass die Zeichen der Zeit dich damals beeinflusst haben. Deine Beziehung zum Judentum würdest du heute, über vierzig Jahre nach dem Zweiten Vatikanischen Konzil, wahrscheinlich ganz anders sehen als in deinem Essay »Die Leopoldstadt unter Hitler« (Kapitel Ausklang), wo du schreibst: »Vielleicht werden die Juden solange geprüft und verfolgt, bis sie eben Christus anerkennen, und nicht so, wie sie meinen, [daß][2] der Messias erst kommen würde.«

Im Gedicht »Höre Israel«, das du im März 1934 geschrieben hast, sind die wesentlichen Zeilen:

> ISRAEL, Du bist das Volk, das der Welt CHRISTUS
> schenkte.
> Er war da. Ohne Schwert, ohne Habe, ohne eigene Familie,

2 Die Ergänzungen und Erklärungen in den eckigen Klammern innerhalb der Originaltextstellen stammen von mir, Ruth Steiner.

Er, Israels Sohn, Er, der nur lehrte, wie dies seine Urväter taten.
Er legte die Schrift aus.
Er erhob sich nie, demütigte sich immer.
Das ist es, was Ihn leben ließ – heute und immer. Er lebte Seinem Volke vor, und Du, ach Israel, verstandest Ihn nicht, verleugnetest Ihn bis auf den heutigen Tag!
Und Du wirst Ihn immer verleugnen, bis Du nicht die Demut des Herzens Dein Eigen nennst, gleich Ihm.
Und Du Dich zu Ihm bekennst, nicht zu CHRISTUS, den die Menschenheit ERLÖSER nennt, sondern zu IHM, ISRAELS SOHN!
DAS Volk, DAS kleine, heimatlose, verfolgte jüdische Volk wurde erlöst.
Und nocheinmal: Warum gerade Du, Israel?
Weil Du neben der Gewaltlosigkeit die erste und einzige, allen Menschen zugängliche Schrift aufwiesest: das Buch der Bücher, die Bibel!
Die ist ganz Dein Eigentum!
Millionen Menschen zehren seit tausenden Jahren davon.

Am Schluss schreibst du: »Als im Nachbarland der Antichrist ...« – ich nehme an, du meintest Hitler.

Ein Brieffreund von dir, Erwin Strunz, ein Wiener, der 1938 nach England geflohen war und sich in Irland niedergelassen hat – ihr habt vierzig Jahre miteinander korrespondiert –, schrieb nach 1952 in einem Brief an dich zu diesem Thema:

Nun, der schmerzliche Punkt. Dein »Höre Israel« hat mich wieder in eine Welt von Zweifeln gestürzt. Ich weiß nicht, ob ich es überhaupt ausdrücken kann, was mir so falsch daran vorkam. Und wie ich es sagen soll, ohne Dir weh zu tun. Vielleicht ist es nur wieder eines der Missverständnisse. Es gibt nicht nur einen Druckfehlerteufel. Der hat Humor, der Teufel der Wort-Missverständnisse ist ein wirkliches Monster.

You see, es handelt sich um die Grundeinstellung. Du verlangst von den Juden, daß sie auf die Christen hören sollen. Ich verlange, daß die Christen auf die Juden hören sollen! Deshalb bin ich Jude geworden, weil ich sie gehört habe. Ich bin außer mir, daß Du glauben konntest, daß die Juden zu einer Zeit, in der sie mit kompletter physischer Ausrottung bedroht waren, auf Christen hätten hören sollen. Die Schmach, das auch nur annähernd zu bedenken, muß für Juden nicht nur unerträglich, sondern eine komplette Verleugnung ihres Gottes, ihrer Tradition und Geschichte darstellen. Ignaz [Omis Mann] selber, der sich früher nie zum Judentum bekannte, hat sich auf seinem Totenbett bekannt, weil es unmöglich war, die Verfolgung nicht zu teilen. Das ist ja unsere christliche Urschuld und Arroganz, daß wir erwarten, daß die anderen zu uns kommen sollen, auch wenn wir sie kreuzigen. – Ich bin überzeugt, daß Du eine Menge guter Antworten gegen meine Argumente bringen wirst, überzeugen wirst Du mich nicht können. Ich bin ein stolzer arroganter Tropf mein ganzes Leben gewesen, aber in der Judenfrage bin ich ... der allergrößten Demut. Es ist mir schrecklich, daß die Israelis, so lange die Opfer unserer Gewalttaten, nun selber Gewalt benützen. Damit haben sie ihre unbeschreibliche moralische Autorität über uns Christen eingebüßt. Man kann nur hoffen, daß es eine vorübergehende Phase ist ...

Love Erwin

Nicht nur Erwin Strunz war vollkommen konträrer Meinung, auch ich sehe, dass wir in diesem Punkt sehr verschieden denken.

Ich bin sehr dagegen, Juden zu überzeugen, dass sie Jesus als Messias, als Erlöser anzuerkennen haben. Darüber hätte ich so gerne mit dir gesprochen. Darüber und über Nostra Aetate, das Konzilsdekret des Zweiten Vatikanischen Konzils (im Anhang).

Willst du wissen, was ich denke?

Christus ist für mich der Erlöser. Doch wird mir immer mehr bewusst, wie wichtig es ist, Juden nicht zu missionieren. Sie haben ihren eigenen Weg, die Christen haben einen anderen, aber ich glaube und bin überzeugt: Beide führen zu Gott!

»Judenmission« umfasste in der Vergangenheit Zwangstaufen, körperlichen und geistigen Druck zur Annahme des Christentums, Ächtung der jüdischen Lebensform, Bestreitung des Rechts, nach der eigenen Tradition zu leben. Es ist in der Geschichte so viel Unheil passiert mit Zwangstaufen, Inquisition, Kreuzzügen etc. Das alles hat mit Verkündigung und Evangelisierung nichts zu tun.

Das Christentum ist auf keinen Fall eine Fortsetzung des Judentums, sondern etwas Eigenes, Selbstständiges, hervorgegangen aus jüdischen Wurzeln. Ich nivelliere nicht, ich behaupte nicht, dass ich zwei Religionen habe. Ich bin eine Christin jüdischer Herkunft und bin auch stolz darauf. Für

Juden bin ich eine »Davongelaufene«, für die Christen eine »Zugelaufene«. Ich sitze zwischen zwei Sesseln, die vielleicht eine Brücke sein könnten.

Seit deiner Zeit hat der christlich-jüdische Dialog große Fortschritte gemacht. Womit ich mich sehr beschäftige, ist vor allem, dass mehr und mehr Juden anerkennen, dass Christus Jude war. Ich sage immer zum besseren Verständnis: *Wie* Jesus zu glauben, ist jüdisch. *An* Jesus zu glauben, ist christlich. Der jüdische Gelehrte Ben-Chorim sagte: »Der Glaube Jesu eint uns, der Glaube an Jesus trennt uns.« Die Juden verstehen den Glauben an die göttliche Person Jesus Christus als Angriff auf das erste Gebot: Du sollst keine anderen Götter neben mir haben.

Noch einen anderen Gewährsmann habe ich für meine Position, nämlich Kardinal Lustiger, den ehemaligen Kardinal von Paris, der aus einer jüdischen Familie kommt. Er sagt: »Christ zu werden bedeutet nicht, sich vom Judentum loszusagen. Christen und Juden sollten nicht vergessen, dass sie dieselbe Wurzel haben, und die Wurzel ist Israel. Ich bin als Jude geboren, und werde es bleiben, selbst wenn ein Rabbiner anderer Meinung ist.«

Kardinal Lustiger bleibt Jude für immer, der Holocaust lässt ihm keine Wahl.

4 Autobiografische Schriften von Therese Lindenberg

Nach dem Tod meiner Großmutter haben ich und meine Schwestern viele Schriften von ihr gefunden. Darunter waren außer ihren Tagebüchern, die sie mir zu Lebzeiten vermacht hat, viele Manuskripte, Romane, Essays, Gedichte, Sonette und autobiografische Aufzeichnungen. Ich möchte hier »Die Leopoldstadt unter Hitler« zur Gänze bringen, aus »Die Apokalyptischen Jahre« und »Stärker als der Tod ist die Liebe. Nicht getrennt – neu verbunden« die interessantesten Textstellen auswählen.

Ich beginne mit dem Essay »Die Leopoldstadt unter Hitler«, in dem sie zuerst in der dritten Person schreibt und dann auf die Ichform übergeht. Pfarrer Alexander Poch wird manchmal als Pfarrer B. angeführt. Er war von 1938 bis 1966 Pfarrer in der Leopoldstadt. Der Platz neben der Kirche St. Leopold wurde nach ihm benannt.

BM a.D. Dr. Heinrich Drimmel[3] schrieb über Poch: »Vom 1. Oktober 1938 bis zum 28. November 1966 war Monsignore Dechant Dr. Alexander Poch Pfarrherr in Sankt Leopold.

3 Aus: »Gemeinde«, Pfarrzeitung von St. Leopold, September 1979.

Diese fast 30-jährige pfarrherrliche Tätigkeit umfaßt einen der erschütterndsten Abschnitte der Geschichte Österreichs, der Stadt Wien und insbesondere der Leopoldstadt. Der jugendliche Alexander Poch war zum Offiziersberuf bestimmt, und die Courage hat sein ganzes Leben und Wirken in den umstürzenden Zeitverhältnissen der letzten Generation geleitet. Die Umbruchsereignisse des Jahres 1938, die Verfolgung seiner Freunde und Gesinnungsgenossen, die Verfolgung seiner eigenen Person, die Verschleppung und Ausrottung des großen jüdischen Bevölkerungsteils, der seit Jahrhunderten im Umkreis der Pfarre wohnt, die Kriegszerstörungen, der auch die Pfarrkirche zum Opfer fiel, der furchtbare Endkampf in den letzten Stunden des Zweiten Weltkriegs, die Besatzungsära und das mühselige Werk des in nötigen Zeiten begonnenen Wiederaufbaus sind Inhalt dieser drei Jahrzehnte. Alexander Poch gehörte zu jenen überbeschäftigten Menschen, die niemals die eigene Überforderung zum Anlaß nahmen, um drängende Bitten der Hilfesuchenden zu versagen oder sich ihnen aus Zeitmangel zu verschließen. Nur eine starke Seele vermag unter solchen drängenden Verhältnissen bei den Hilfesuchenden den Eindruck zu erwecken: Er ist immer für uns da.«

Ich nehme an, Omi, dass du deine Aufzeichnungen auf der Grundlage von Briefen und Tagebucheintragungen, die du während des Krieges stichwortartig in Heften angelegt hattest, begonnen hast. Ich weiß nicht, wie viel Angst du hattest, dass sie gefunden würden. Auch darüber hast du mit mir nie gesprochen.

Im Folgenden bringe ich den Text »Die Leopoldstadt unter Hitler», wie ihn meine Großmutter verfasst hat, ohne jede Auslassung. Der Text wurde erst nach 1969 fertiggestellt.

Die Leopoldstadt unter Hitler

Am 10. März 1938 rief Schuschnigg zur Volksabstimmung auf: Nachzulesen in seinem Buch, das 1969 herausgekommen ist. Er suchte Verbindung mit Sozialdemokraten, die aber ablehnten, denn 1934 brannte noch zu tief. Otto Habsburg bot sich an, Schuschnigg wies ihn zurück. Hitler verbot Abstimmung und am 11. März abends ¾ 5 Uhr, Volksabstimmung findet nicht statt. 6 Uhr Abstimmung abgesagt. Um 8 Uhr verabschiedet sich Schuschnigg im Radio. Seine letzten Worte »Gott schütze Österreich« ... Die Menschen strömten auf die Straßen, die jungen Nazi im weißen Hemd, mit weißen Kniestrümpfen, marschierten und sangen Nazilieder ...

In der Leopoldstadt, in der die meisten armen Juden wohnten, große Verzweiflung ... Die reichen Juden in den »Nobelbezirken« reisten flugs ab – damals gab es noch keinen Judenpaß, keinen Zwang – sie reisten mit Mitnahme von Geld und Schmuck nach London, Paris, in die Schweiz – nicht nach Amerika ... Das ist ein eigenes Kapitel. Zürich, Genf. Noch ... Denn in einigen Tagen hat sich das Blatt gewendet, das Ausreisen stieß auf mannigfache Hindernisse.

Samstag, 12. März um 7 Uhr früh: Seyß-Inquart hat Göring, respektive Hitler um Hilfe gerufen. Das nationalsozialistische Wien grüßt seinen Führer. Um 6 Uhr abends

Hitler in Linz. Begeisterung. Sonntag 13. März: Proklamation Hitlers, Österreich in Groß-Deutschland »aufgegangen«. Hitler und die Vorsehung ... Immer verwies er darauf ... Die Menschen in ihrer – darf man den Ausdruck gebrauchen – »Naivität« glaubten daran, denn wirklich und wahrhaftig hat er noch keine Zurückstoßung erlitten ... Ein altes Mutterl sagte zu mir: Er ist von Gott gesandt, als sie vor einer Auslage stand, das sein Bild zeigte. Und Wien versank in einem Fahnenmeer. Montag ¾ 5 Uhr: Hitler in Wien – Militär überall, Dienstag, 15. März 11 Uhr: Proklamation vor der Truppenparade.

Persönlich habe ich viele Beflaggungen erlebt, zur Kaiserzeit, die ich ja durch 25 Jahre 1892–1917 erlebte und meine konservative Familie mehr als kaisertreu war, bedingt durch verwandtschaftliche Verhältnisse, da der Kousin meines Stiefvaters bei Sr. Exzellenz dem Kabinettsdirektor Schiessl im Haushalt lebte, also sein Faktotum war, I. Kohlmarkt 7 wohnte, und wir von dort die Fronleichnamsprozession bestaunen durften, wo der Kaiser hinter dem Himmel ging, und wir die Magnaten in ihren Trachten bewunderten und wir überhaupt viel wußten, was sich in der Hofburg zutrug, daß der Kaiser ein wirklich spartanisches Leben lebte, um 4 Uhr früh im Sommer, im Winter um 5 Uhr aufstand, was uns natürlich, die wir ja da wirkliche Langschläfer gewesen sind – um 7 Uhr aus dem Bett krochen – unendlich imponierte ...

Göring wetterte sogleich am 15. März: »Die Juden müssen weg ...« Die Selbstmorde häuften sich. Egon Friedell, der berühmte Literat, stürzte sich vom Fenster, die Straßen waren voll von knieenden Juden, die die Inschriften der ostmärkischen Sturmscharen, welche zur Volksabstimmung aufgerufen hatten, und Parolen mit kaltem Wasser und unzulänglichen Bürsten abreiben mußten. Christen in Wien, die ihr Leben riskierten, um Juden zu helfen, das muß schon gesagt sein ... Nun – und diese Beflaggungen am Tage des Hitlereinzuges übertraf alles bisherige ...

Eine Schwester meines jüdischen Mannes wohnte Josefinengasse 1 und besaß ein Kaffeehaus Ecke Taborstraße. Sie mußte sofort aus ihrem Geschäft, denn die jüdischen Geschäfte wurden sofort als Jüdisch, Judensau etc. bezeichnet und niemand, aber wirklich niemand wagte so ein Geschäft zu betreten ... Die Passanten sahen lächelnd zu ... Am Kohlmarkt sah ich einen berühmten Burgschauspieler – er hat es bei dem Aufräumen des Stephansdoms nach der Bombardierung des Gotteshaus gebüßt mit dem Hinweis auf seine damalige Einstellung [Fred Hennings!] – also wie der Burgschauspieler lächelnd zusah, wie sich ein dem Aussehen nach Intellektueller abmühte den Stein zu löschen, was nicht gelang, denn die Inschrift war mit unabwaschbarer Farbe aufgetragen ...

Ja, die Flucht der reichen Juden, wie gesagt, am 13. März der mehr oder minder begüterten Juden, war an sich nicht durch Hindernisse begrenzt. Aber – und da sagte ein gewisser Dr. Weinberg in der Czerningasse zu mir: »Ich bin doch Österreicher, habe hier promoviert, war in einer katholischen Verbindung – was kann man mir schon anhaben?« – O, niemand, nirgend blieb übrig – außer er hätte sich im Untergrund versteckt, was an und für sich ein Buch ergäbe, denn ich hatte Freunde, die durch die ganze Zeit niemals in ihrem Bett in ihrer Wohnung schliefen, weil sie diese den untergetauchten Freunden zur Verfügung stellten. Es gab viele Christen in Wien, die ihr Leben riskierten, um ihren jüdischen Freunden zu helfen ...

Aber nun muß ich auf etwas »Untergründiges« zurückkommen, als ich von der Beflaggung sprach: Ein Sozialdemokrat sagte zu mir: »Das Wichtigste: 1934, die Morde an der Arbeiterschaft können wir ›sühnen‹, die Arbeitslosigkeit wird ein Ende haben«, denn täglich und täglich – bitte nur in den Zeitungen nachzulesen, gab es mindestens 4–6 Selbstmorde wegen Arbeitslosigkeit ... Diese Zeit von 1934–38 war eine unerhört bittere Zeit für die Wiener Arbeiterschaft und vor allem, daß die anerkannten Führer Juden gewesen sind: Otto Bauer, Julius Deutsch, der Führer des Aufstandes 1934, und [daß] die alle geflohen sind – die Journalisten, die ganze Intellektuellengarde, fast alle Juden –, hatte wahrscheinlich in der gut geführten, nun seit 4 Jahren führerlosen Arbeiterschaft im Unterbewußtsein ein gewisses Rachegefühl hervorgerufen, das sich nun mehr oder minder ausleben konnte.

Wenn man in die Leopoldstadt kam, legte sich der Schmerz, die Verzweiflung wie ein Flor über den mitfühlenden Menschen ... Familien, die mehr als 150 Jahre hier lebten, wurden zerrissen, aus ihren Wohnungen gejagt und nach Dachau gebracht. Männer schon am 13. März, auch Politiker – viele der verstorbenen Politiker waren unter ihnen – wie Figl und andere. Viele von ihnen kamen nicht mehr zurück, viele hielten die 6 Jahre durch.

Nun, der Ausreise der Juden wurden fast unübersteigbare Hindernisse in den Weg gelegt. Speziell in der Leopoldstadt, wo die minderbemittelten Juden, wie Agenten, kleine Geschäftsleute, wohnten, sahen sich verzweifelt nach einer Ausreisemöglichkeit um ... In der Wollzeile hatten sich die Quäker niedergelassen und brachten Geld und Möglichkeiten zur Ausreise. Viele konnten sich ein Telefonbuch von New York verschaffen und schrieben hilfesuchend um ein Affidavit, d. h. der Betreffende mußte sich verpflichten, für den Einreisenden zu sorgen, er durfte also nie der Stadt zur Last fallen ... So kamen z. B. bekannte Künstler, Schriftsteller zu ihren Freunden, aber die armen Juden, die keine intellektuellen Verbindungen besaßen, mußten in Wien bleiben, wurden in Wohnungen zusammengedrängt, wo – wie z. B. in der Großen Schiffgasse, wo ich später mit meinem Mann ein Zimmer haben konnte, ein Durchgangszimmer in einer Wohnung mit 3 Räumen – wo 23 Personen »logierten«. Möbel, Kleider, Habseligkeiten wurden von den Ausreisenden beschlagnahmt und in ein Magazin am Karmelitermarkt verfrachtet, wo dann jede Ladung um 2 Mark »verkauft« wurde. Ich glaube, nicht hochgegriffen zu haben, wenn mehr als 20 % der Geschäfte »arisiert« wurden – große Kaufhäuser wie Lessner, Bittmann auf der Kärntnerstr. und Mariahilferstr.

Es war Frühling, wenn auch dem Datum nach nicht, aber die Welt war so schön, und Wien – in Begeisterung, die Leopoldstadt in Trauer. Da geschah es ... In der Pfarrkirche St. Leopold stand auf der Kanzel ein verhältnismäßig junger Pfarrer und hielt eine Predigt. Die Kirche war überfüllt, wie überhaupt – das muß ganz festgehalten werden – die Gottesdienste so besucht waren wie nie zuvor, trotz der heftigen Agitation zur »Gottgläubigkeit«, was die

»Konfessionslosigkeit« ablösen sollte. Die Wiener Katholiken waren antinazi, das wage ich 100%ig zu behaupten. Aber der Bürgerblock, d. h. die heute »Freiheitlichen« waren durch die Bank nationalsozialistisch ...

Bei einem Aufenthalt im Justizpalast im Jahre 1933 trugen sämtliche Staatsanwälte etc. das Hakenkreuzabzeichen – die Partei war ja damals noch nicht verboten – und grüßten mit dem Hitlergruß.

Universität, Studenten waren bis auf die jüdischen und katholischen Verbindungsmitglieder CV – alle nationalsozialistisch.

Doch gab es im Kleinbürgertum große starke Neidkomplexe, die natürlich durch die Juden, deren Intelligenz und Schlauheit sich auf die Butterseite zu legen, hervorgerufen schienen und im Untergrund sich immer weiter ausbreiteten ...

Das Gefühl, daß nun über die Vielbeneideten auch die Stunde der Verzweiflung kam, überdeckte so Vieles, was ansonsten für Barmherzigkeit und Mitleid vorhanden gewesen wäre ... »Du mit deinem Mitleid«, sagte meine eigene Stiefschwester zu mir ... Und sie glaubte eine gute Christin, eine gute Katholikin zu sein, verpaßte niemals einen Gottesdienst, eine Beichtgelegenheit.

Nun, um auf den Pfarrer Poch in der Leopoldskirche zurückzukommen, er predigte von Christus im Herzen, auch wenn er nicht der Kirche angehöre – er zielte gleichsam auf das Gottesvolk, das jetzt vor seiner Prüfung stünde ... Es war meine 1. Begegnung mit diesem außergewöhnlichen Priester ... Nur vom Sehen, denn ich ahnte nicht, daß ich im Oktober zu seinen Pfarrkindern gehören würde.

Die Wiener »Arier« steckten sich Blechhakenkreuze auf die Rockaußenseite und eine Jüdin sagte zu mir mit tränenden Augen: »Ach was gäbe ich darum, auch so ein Abzeichen tragen zu dürfen.« Juden in der Leopoldstadt fühlten sich verachtet, verfemt. Aber am meisten diejenigen, die schon vor Jahren zum Katholizismus übergetreten waren und nun nach den berühmten Nürnberger Gesetzen als Juden galten, die eine jüdische Großmutter oder Großvater besaßen. Es wimmelte nur so von Halb-, Vierteljuden und die Herren Pfarrer und Kanzleiangestellten in den Pfarreien schrieben sich die Finger wund, weil ja jeder arische Österreicher einen Arierpaß besitzen mußte. Damals besaß Wien ja noch über 2.000.000 Einwohner, weil ja noch die Orte der Umgebung Wiens eingemeindet waren, und man kann sich vorstellen, daß mindestens 500.000 Arierausweise ausgestellt werden mußten mit Vater-Mutter-Großelterndokumenten, Taufschein, Heiratsdokumenten von 6 Elternteilen, so für eine Person 15 Dokumente auszustellen waren!!! Die Pfarrämter waren stärker als die Lebensmittelgeschäfte belagert. Um 8 Uhr früh standen schon an 100 Menschen! Es gab einen kleinen und einen großen Ariernachweis, der bis ins X. Glied ging. Die Juden in der Leopoldstadt fühlten sich verachtet, verfemt. Am 21. Mai 1938 wurden die Nürnberger Gesetze auch für Österreich eingeführt. Sie stammten aus dem Jahr 1935 und es war wirklich eine fast teuflische Sache, ein so einschneidendes Gesetz, was 3 Jahre zurücklag, zu handhaben und wie zu handhaben! – »Juden unerwünscht« prangte in den Straßen der Ausflugsorte, denn noch gab es keine äußerlichen Abzeichen, aber es gab Kontrollen und Naderer! Baden in öffentlichen Bädern war verboten. Jetzt waren sie »judenrein«; wie eine berühmte Schauspielerin einem Interviewer erklärte – es war Zarah Leander – also nicht mehr verschmutzt, wie überhaupt das Wort »judenrein« zu einem geflügelten wurde. Der »Völkische Beobachter« berauschte sich förmlich an dem Wort »judenrein« ...

Nur die Leopoldstadt war noch nicht »judenrein«: Bald sollte sie ein wirkliches Ghetto werden. In der II. Castellezgasse 33[4] war die Vergatterung der Transporte, die bald ihren Anfang nehmen sollten, während später das Realgymnasium II. Große Sperlgasse[5] zu diesem Zweck verwendet wurde, weil die Castellezgasse sich als zu klein erwiesen hat.

Ein »Lichtblick« für die visumlosen Juden, hauptsächlich für die in der Leopoldstadt: Die Ausreisemöglichkeiten nach Schanghai, von denen weit über 20.000 Gebrauch machten und die hauptsächlich von den Quäkern finanziert wurden. Von Schanghai wanderten dann die Juden nach Australien, Neuseeland, Philippinen aus. Viele blieben in der chinesischen Hauptstadt, wohnten in einem separaten Viertel und brachten sich schlecht und recht durch. Schanghai war ja damals noch eine internationale Stadt mit dem berühmten »Bund«, in dem nur Europäer lebten ...

Am 9. November 1938 brannten (was die Juden eine Million Mark »Sühneabgabe« kostete), wie schon erwähnt, die Tempel und Bethäuser und am Abend dieses Tages wurden zahlreiche Juden nach Dachau gebracht, eingekerkert, we-

4 Nr. 35 ist die richtige Nummer.

5 Es muss sich um die Kleine Sperlgasse handeln.

gen eines plötzlich gefundenen Verbrechens, und die Rossauerlände von heute hieß damals Elisabethpromenade, Liesl genannt. Dort wurden auch zahlreiche Jüdinnen festgehalten wegen »Rassenschande«. Diejenigen Arierinnen, die mit einem Juden ein Verhältnis hatten, weiter sich zu ihm bekannten, wurden wegen Rassenschande eingekerkert, umgekehrt – die Juden, welche sich zu ihren arischen Freundinnen bekannten, machten sich der »Rassenschande« schuldig, die mit schweren Kerkerstrafen gesühnt werden sollte. Das Wort »Rasse« begann eine gewichtige Rolle zu spielen. Die Menschen kannten sich nicht aus, sie konnten sich eigentlich das »Rassentum« nicht gut erklären, speziell bei einem solchen Mischvolk, wie es die Österreicher waren und sind, wo Germanen, Alemannen, Slawen, Romanen etc. eine wirklich bunte Mischung darstellen.

Die Leopoldstädter Juden aber hatten eine Hilfe, die wahrlich werktätig war, Herrn Pfarrer B. [Alexander Poch]. Nachdem die Leiter und Beamten der Kultusgemeinde mehr oder minder ausgeschaltet wurden, sich als Ältestenrat der Juden deklarierten, ohne einen Hinterhalt zu haben, machten sich Freunde der Juden bei den Katholiken zu Hilfsaktionen auf, die der Furcht der Bespitzelung im wahrsten Sinne des Wortes trotzten. Unter ihnen war Pfarrer B. Übermenschlich waren seine Anstrengungen, Trost und Tatsächlichkeiten zu schenken. Seine Predigten: Was wird das für ein Erwachen sein?, waren meistens die Quintessenz. Die Andeutung, daß der Messias dem Judenvolk entstammte, seine Gebote hielt, ließ aufhorchen. Welche Reden, welche Andacht, welche Demut hatten diese zur

Folge. Lehnt euch an das Herz Gottes, lehrt auch die anderen –. Manchmal blieb einem der Atem stocken, denn man meinte, jetzt und jetzt müsse er von der Kanzel geholt werden. Damals gab es noch Kanzelpredigten und noch kein vorgeschriebenes Manuskript. Aber die Gläubigen zitterten und atmeten auf, wenn der Priester am Sonntag wieder auf der Kanzel erschien. Man wußte ja nicht, daß er vorgeladen wurde und Mahnungen erdulden mußte. Lehnt Euch an das Herz Gottes, ER ist bei Euch! Wie beschwörte er die Gläubigen mit seinen Worten und gewiß waren seine Worte Ansporn für viele zu helfen und – im wirklichem Sinne gläubig zu werden, zu vertrauen, daß Gott niemand verlasse, der an IHN glaubt ...

Seit 2. September 1939 tobte der Krieg. »Mit Roß, Mann und Wagen wurden sie geschlagen«, zitierte Hitler und wandelte wunschgemäß die Bibelworte ab. Die Männer mußten einrücken und es begann die Verschickung der Juden nach Polen zum »Arbeitseinsatz«. Lieber in Polen arbeiten, als hier verhöhnt und geächtet zu werden, war der Ausspruch so mancher Juden. Sie ahnten ja nicht, was in Polen auf sie wartete, und sie beruhigten sich: Wir sind dann ganz unter uns und wir können arbeiten. In Opolje, in Litzmannstadt wurde ein Ghetto eingerichtet und man konnte Freunden kleine Pakete schicken, die dann später mit vorgedruckten Karten bestätigt wurden.

Pfarrer B. predigte: Gewiß werden die Tränen gesammelt. Vertrauen, Vertrauen. Das gab Hilfe, die weitergegeben wurde ...

Juden durften natürlich keine Konzerte, Theater besuchen, Straßenbahnbenützung, Parkbänke, auf denen die

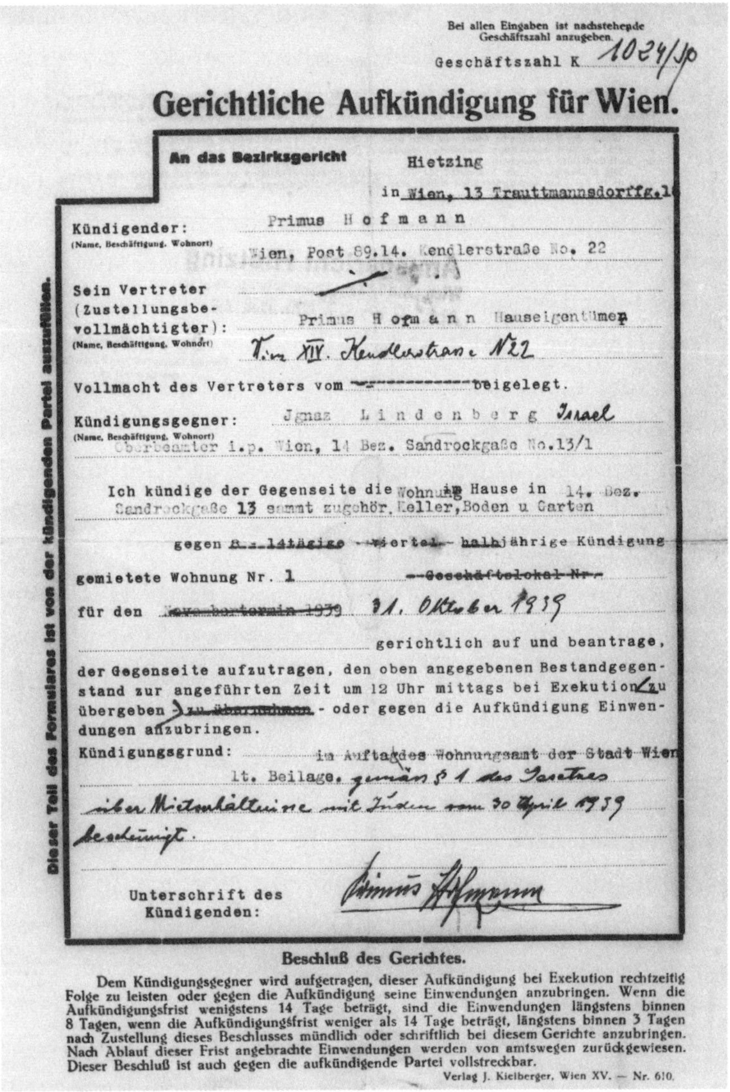
Bei allen Eingaben ist nachstehende Geschäftszahl anzugeben.

Geschäftszahl K 1024/39

Gerichtliche Aufkündigung für Wien.

An das Bezirksgericht Hietzing

in Wien, 13 Trauttmannsdorffg. 1

Kündigender: Primus Hofmann
(Name, Beschäftigung, Wohnort) Wien, Post 89.14. Kendlerstraße No. 22

Sein Vertreter (Zustellungsbevollmächtigter): Primus Hofmann Hauseigentümer
(Name, Beschäftigung, Wohnort) Wien XIV. Kendlerstraße No 22

Vollmacht des Vertreters vom ~~---~~ beigelegt.

Kündigungsgegner: Ignaz Lindenberg Israel
(Name, Beschäftigung, Wohnort) Oberbeamter i.p. Wien, 14 Bez. Sandrockgaße No.13/1

Ich kündige der Gegenseite die Wohnung im Hause in 14. Bez. Sandrockgaße 13 sammt zugehör. Keller, Boden u Garten

gegen ~~8- 14tägige~~ ~~viertel-~~ ~~halb~~jährige Kündigung

gemietete Wohnung Nr. 1 ~~Geschäftslokal Nr.~~

für den ~~Novembertermin 1939~~ 31. Oktober 1939

gerichtlich auf und beantrage, der Gegenseite aufzutragen, den oben angegebenen Bestandgegenstand zur angeführten Zeit um 12 Uhr mittags bei Exekution zu übergeben ~~zu übernehmen~~ - oder gegen die Aufkündigung Einwendungen anzubringen.

Kündigungsgrund: ~~im Auftag des Wohnungsamt der Stadt Wien~~ lt. Beilage. gemäß § 1 des Gesetzes über Mietverhältnisse mit Juden vom 30 April 1939 bescheinigt.

Unterschrift des Kündigenden: Primus Hofmann

Dieser Teil des Formulares ist von der kündigenden Partei auszufüllen.

Beschluß des Gerichtes.

Dem Kündigungsgegner wird aufgetragen, dieser Aufkündigung bei Exekution rechtzeitig Folge zu leisten oder gegen die Aufkündigung seine Einwendungen anzubringen. Wenn die Aufkündigungsfrist wenigstens 14 Tage beträgt, sind die Einwendungen längstens binnen 8 Tagen, wenn die Aufkündigungsfrist weniger als 14 Tage beträgt, längstens binnen 3 Tagen nach Zustellung dieses Beschlusses mündlich oder schriftlich bei diesem Gerichte anzubringen. Nach Ablauf dieser Frist angebrachte Einwendungen werden von amtswegen zurückgewiesen. Dieser Beschluß ist auch gegen die aufkündigende Partei vollstreckbar.

Verlag J. Kielberger, Wien XV. — Nr. 610.

Kündigung von Ignaz Lindenberg am 31. Oktober 1939 gem. § 1 des Gesetzes über Mietverhältnisse mit Juden vom 30. April 1939

Worte standen: Nur für Arier ... Geschäfte zeigten die Tafel: Nur für Arier ...

»Judengeschäfte« wurden eingerichtet, denn die Juden bekamen Lebensmittelkarten mit einem roten J aufgedruckt. Sie bekamen nur Brot, Zucker, Mehl, sonst nichts, kein Fleisch, kein Obst – nichts. Als die Lebensmittel immer knapper wurden, richtete man Speisehäuser ein, aus denen man mehr als Primitives abholen konnte. Die Zentralstelle für die Kartenausgabe befand sich II. Glockengasse, resp. Taborstr. 21a, von wo aus sie in die einzelnen Kartenstellen verteilt wurden. Da gab es eine Hauswartin in der VI. Sandwirtgasse 14, die ostentativ der arischen Frau eines Juden die Judenkarte übermittelte, wo sie [das war meine Großmutter, die von der Hauswartin so gequält wurde] doch auf eine Normalkarte Anspruch hatte, mit der sie ihren Gatten mit ernährte. Immer mußte dann diese arische Frau zur Kartenzentrale Glockengasse mit allen Dokumenten.

Diese Quälereien dauerten monatelang. Doch die Hausbesorgerin in II. Haidgasse 5 sagte zu einer Bewohnerin, die auch mit einem Juden verheiratet war und an einem ganz nebensächlichen Feiertag ihren Teppich klopfen wollte: »Was, an einem solchen Jonteff [jüdischen Feiertag] wollen Sie Teppich klopfen?« Sie ist schon lange tot, aber sie war eine Katholikin, die Pfarrer B. mit Eifer anhing ... Sie war es auch, die die Blockwarte abwimmelte, welche Messing und andere Metalle und Wollsachen haben wollten: »Bei unseren Juden gibt es nichts zu sammeln« und verschloß das Tor.

Wenn Ehemännern gekündigt wurde, wurde ihre Pension auf ein Minimum gekürzt. Das war fast selbstverständlich.

Man wollte die Frau »mürbe« machen. Noch ist kein Buch über diese tapferen Frauen geschrieben worden, die bei ihren Männern ausharrten, ihnen wahrhaftig in Tod und Not beistanden, verachtet und verspottet wurden, sich aber nicht abhalten ließen, für ihre Männer zu sorgen, sie zu trösten und zu stärken. Dabei ließen es die Nazis an Druckmitteln nicht fehlen. »Goldfasane«, wie man die mit Gold verzierten Uniformen der »höheren« Nationalsozialisten nannte, wurden in die Wohnungen dieser Frauen geschickt. Sie malten ihnen aus, was sie noch zu erdulden hätten, daß sie verschickt würden und viele Quälereien zu erwarten hätten. Man darf auch nicht glauben, daß diese Männer gleichsam ohne Arbeit ihre kargen Bezüge genießen konnten! Mitnichten! Sie wurden zu unbezahlten Arbeiten eingezogen, wie z. B. der Urbarmachung eines mit Wassertrichtern zerstörten Feldstückes am Wege nach Stammersdorf. Selbstverständlich durften sie nicht die Straßenbahn benützen, mußten zu Fuß von der Leopoldstadt zur Arbeitsstätte hin und zurückgehen, während ihre Frauen die Straßenbahn bestiegen, was aber so manche unterließ und stolz mit ihrem jüdischen Mann durch die Straßen der Stadt marschierte ... Die häßlichen Zurufe, das Angespucktwerden – es tangierte sie nichts.

»Wir haben am Altar Treue bis in den Tod geschworen und das halten wir«, war meistens die Antwort. Die Frauen trennten sich fast nie von den jüdischen Männern. Die Männer jedoch, die jüdische Frauen hatten, ließen sich oftmals scheiden, obwohl jene in jeder Weise bevorzugt waren. Sie mußten vorerst keine Wohnung räumen und mußten keinen Judenstern tragen. Die in gehobener Staatsstellung waren, konnten meist ihrem Beruf nachgehen. Bis auf ganz wenige. [Hier sind Verallgemeinerungen, die nicht nachvollziehbar sind. Anm. v. R. St.] Die große Zahl von Künstlern, die Jüdinnen zu Frauen hatten, wurden mehr oder minder von Quälereien verschont ... Dadurch profitierten auch die Frauen, die sich dann meistens sehr unauffällig verhielten.

Natürlich wurde sofort eine Judensteuer eingeführt. Die Unbedenklichkeitsdokumente zur Ausreise ließen saftige Geldbeträge in die Steuerkassen fließen, wenn begüterte Juden ausreisten. Inzwischen waren infolge des Krieges die Ausreisen mehr als eingeschränkt, denn auch Norwegen, die Niederlande, Belgien waren von Hitler verschluckt worden. Die dort emigrierten Juden mußten ebenso auf ihre Deportation warten wie die in Österreich verbliebenen.

Der Winter 1940 war besonders kalt. Die noch verbliebenen Juden in der Leopoldstadt – in den äußeren Bezirken gab es ja fast keine mehr – mußten Schnee kehren und bekamen keine Kohle. Keine Waschanstalt nahm Judenwäsche an. Pfarrer B. hatte seine ihm in dieser Beziehung besonders zugetanen Pfarrkinder beauftragt, kleine Kohlenpakete zu besonders armen, alleinstehenden Juden zu tragen. In der IX. Seegasse 10[6] wurde eine Art Notspital eingerichtet, denn das besonders gut ausgestattete Rothschildspital am IX. Währingergürtel wurde ja sofort [1942] von der SS beschlagnahmt. Es gab keine Medikamente und die wenigen

6 Wahrscheinlich Seegasse 16.

Ärzte, die zugelassen wurden und nur in der Leopoldstadt ordinierten, wurden streng überwacht. In dem ehemaligen Tempel in der II. Tempelgasse wurde in den Tempelresten ein »Kinderheim« eingerichtet, wo »nicht reinrassige« Kinder untergebracht wurden, die keine Eltern besaßen: Da war z. B. das Kind einer Jüdin, die in der berüchtigten Elisabethpromenade inhaftiert war. Sie hatte sich, im Glauben, eine besondere Gunst zu erringen, mit einem Wärter »eingelassen«. Das Ergebnis dieser Beziehung war ein Mischling, von dem man aber nicht wissen durfte, daß es das Kind eines »Volksgenossen« und einer Jüdin war, also eine »Rassenschande«. In diesem obgenannten Heim durfte aber kein Unterricht erteilt werden, wie ja überhaupt die jüdischen Kinder ohne Schulunterricht waren. Mischlinge durften natürlich keine höheren Schulen, geschweige denn die Universität besuchen. Die Leiterin des Heims, eine ehemalige Kunstgewerblerin, verfertigte von mitgebrachten und gespendeten Stoffresten »Kleider« für die Kinder. Sie sahen wie Clowns aus, die Ärmel grün, die Röckchen blau oder rot – aber sie hatten immerhin etwas anzuziehen. Als Hilfskraft fungierte ein ehemaliger Gymnasiallehrer, der versuchte, so gut es eben ging, die Kinder zu »unterrichten« ... Was für eine Welt! Starb ein Elternteil einer arischen Frau, durfte der Mann nicht zum Begräbnis. Nur für den Besuch des jüdischen Friedhofes wurden Straßenbahnkarten verteilt, ansonsten war ja die Benützung der Straßenbahn verboten ...

Im Jänner 1941 verstärkte sich die Polenaktion [Verschickung nach Polen]. Von »Arbeitseinsatz« war nicht mehr die Rede und gar an eine Rückkehr der Abtransportierten wurde nicht mehr gedacht. Man munkelte von Transporten – noch fuhren Züge, noch gab es keine »Gasbäder«, die auf Abstellgleise geleitet wurden, dort stehen blieben, während in die Waggons die Abgase geleitet wurden und dann die Menschen elend erstickten ... Dieses Gerücht entstand daher, weil viele Juden an ihrem »Bestimmungsort« nicht ankamen, obwohl die Post der Verschickten irgendwie gut funktionierte, Organisation war auch da groß geschrieben.

Paris fiel, Hitler erklärte Rußland den Krieg – die Knechtung verstärkte sich, immer weniger wurden in den Zeitungen die Anzeigen: »In stolzer Trauer.« Immer mehr Gefangene tauchten auf mit dem Abzeichen ihrer Gefangenschaft auf den gestreiften Kitteln. Nachdem immer mehr Männer zum Kriegsdienst eingezogen wurden, verwendete man die Gefangenen in den Fabriken. Es waren ausgemergelte Gestalten. In der Seegrotte in Mödling wurde eine Flugzeugfabrik eingerichtet, unterirdisch verschwanden die Arbeitsleute, die sich immer mehr aus Franzosen, Belgiern und Holländern zusammensetzten. Man wagte nicht zu denken, was noch werden würde. Die beruhigenden Zusprüche der Parteimitglieder, nach denen es der Führer schon machen wird, wurden immer weniger und weniger geglaubt. Die Sorge um die eigenen Landsleute, die hauptsächlich in Norwegen bei Narvik eingesetzt wurden, wurde immer ärger; im Geiste sah man die wankenden Gestalten in Rußland auf dem Weg nach Sibirien.

Pfarrer B. predigte: Wie muß doch diese seelische Sündflut zur Vernichtung des Bösen führen! Wie verklausulierte er seine vorgeschriebenen Predigten! Diese Hingabe der

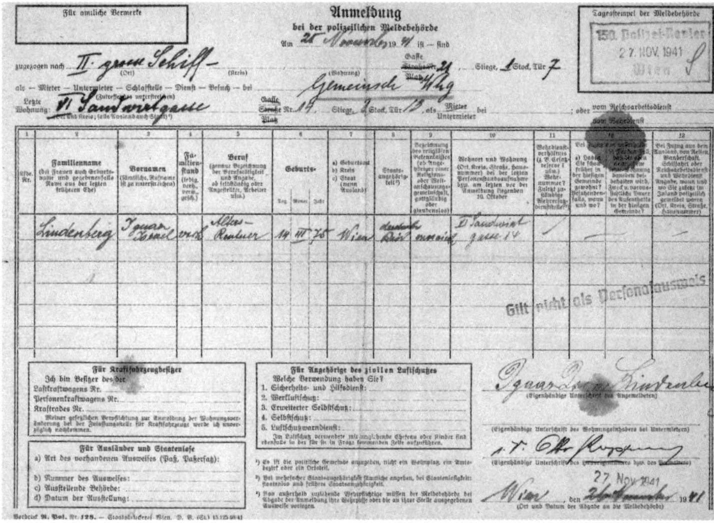

Für amtliche Vermerke

Anmeldung
bei der polizeilichen Meldebehörde

Am 25 November 1941 ist — sind

zugezogen nach II. grosse Schiff- (Ort) (Kreis) Gasse ~~Straße~~ ~~Platz~~ 21, Stiege, 1 Stock, Tür 7 (Wohnung)

als — Mieter — Untermieter — Schlafstelle — Dienst — Besuch — bei Gemeinsch. Whg (Zutreffendes unterstreichen)

Letzte Wohnung: VI Sandwirtgasse (Ort und Kreis; falls Ausland auch Staat[1]) Gasse ~~Straße~~ Platz Nr. 14, Stiege 2 Stock, Tür 13, als Mieter Untermieter bei ; oder vom Reichsarbeitsdienst vom Wehrdienst

Tagesstempel der Meldebehörde: 150. Polizei-Revier 27. NOV. 1941 Wien

1	2	3	4	5	6	7	8	9	10	11	12	13
Lfde. Nr.	Familienname (bei Frauen auch Geburtsname und gegebenenfalls Name aus der letzten früheren Ehe)	Vornamen (sämtliche, Rufname ist zu unterstreichen)	Familienstand (ledig, verh., verw., gesch.)	Beruf (genaue Bezeichnung der Berufstätigkeit und Angabe, ob selbständig oder Angestellter, Arbeiter usw.)	Geburts- Tag Monat Jahr	a) Geburtsort b) Kreis c) Staat (wenn Ausland)	Staatsangehörigkeit[2]	Bezeichnung des religiösen Bekenntnisses (ob Angehöriger einer Religions- oder Weltanschauungsgemeinschaft, gottgläubig oder glaubenslos)	Wohnort und Wohnung (Ort, Kreis, Straße, Hausnummer) bei der letzten Personenstandsaufnahme bzw. am letzten vor der Anmeldung liegenden 10. Oktober	Wehrdienstverhältnis (z. B. Ersatzreserve I usw.) Wehrnummer? Zuletzt zuständige Wehrersatzdienststelle?[3]	Bei [illegible] a) Haben Sie schon früher in der hiesigen Gemeinde gewohnt? Bejahendenfalls, wann und wo? [illegible] beibehalten wird, Zweck u. voraussichtliche Dauer des Aufenthalts in der hiesigen Gemeinde?	Bei Zuzug aus dem Ausland, von Reisen, Wanderschaft, Schiffahrt oder Reichsarbeitsdienst und Wehrdienst Angabe, wann und wo Sie zuletzt im Inland polizeilich gemeldet waren (Ort, Kreis, Straße, Hausnummer)
	Lindenberg	Ignaz Israel	verh.	Alters-Rentner	14 III 75	Wien	deutsch Reich	mosaisch	VI Sandwirtgasse 14	—	—	—

Gilt nicht als Personalausweis

Für Kraftfahrzeugbesitzer
Ich bin Besitzer des der
Lastkraftwagens Nr.
Personenkraftwagens Nr.
Kraftrades Nr.
Meiner gesetzlichen Verpflichtung zur Anmeldung der Wohnungsveränderung bei der Zulassungsstelle für Kraftfahrzeuge werde ich unverzüglich nachkommen.

Für Ausländer und Staatenlose
a) Art des vorhandenen Ausweises (Paß, Paßersatz):
b) Nummer des Ausweises:
c) Ausstellende Behörde:
d) Datum der Ausstellung:

Für Angehörige des zivilen Luftschutzes
Welche Verwendung haben Sie?
1. Sicherheits- und Hilfsdienst:
2. Werkluftschutz:
3. Erweiterter Selbstschutz:
4. Selbstschutz:
5. Luftschutzwarndienst:
Im Luftschutz verwendete mitumziehende Ehefrau oder Kinder sind ebenfalls in der für sie in Frage kommenden Zeile aufzuführen.

[1] Es ist die politische Gemeinde anzugeben, nicht ein Wohnplatz, ein Amtsbezirk oder ein Ortsteil.
[2] Bei mehrfacher Staatsangehörigkeit sämtliche angeben, bei Staatenlosigkeit: staatenlos und frühere Staatsangehörigkeit.
[3] Von außerhalb zuziehende Wehrpflichtige müssen der Meldebehörde bei Abgabe der Anmeldung ihre Wehrpässe oder die an ihrer Stelle ausgegebenen Ausweise vorlegen.

Ignaz Israel Lindenberg
(Eigenhändige Unterschrift des Angemeldeten)

(Eigenhändige Unterschrift des Wohnungsinhabers bei Untermietern)

i. V. [illegible]
(Eigenhändige Unterschrift des ~~Hauseigentümers~~ bzw. des ~~Verwalters~~)

Wien, den 26 November 1941 — 27 Nov 1941
(Ort und Datum der Abgabe an die Meldebehörde)

Vordruck N. Pol. Nr. 128. — Staatsdruckerei Wien. [illegible]

Polizeiliche Anmeldung in der Großen Schiffgasse nach der zwangsweisen Aussiedlung im Jahr 1941

Gläubigen bei der hl. Kommunion! Wie muß es den Juden zumute gewesen sein, nicht nur von der Gesellschaft, sondern auch von der Natur ausgeschlossen zu sein. Welch Antichrist auf Erden, dachte so mancher Katholik und suchte durch Opfer den Dornenweg der Daheimgebliebenen auszugleichen – den Dornenweg, den die Menschheit ging, der doch gewiß einem höheren Ratschluß folgte, um zur Besinnung zu kommen, damit wirklicher Frieden sich in die Menschenherzen ergieße ... In diesem Sinne waren jedenfalls die Predigten des Pfarrers B., und alle um ihn atmeten auf, wenn er sonntags wieder auf der Kanzel erschien, beim Gottesdienst. Wie oft er gemahnt wurde, Spitzel ins Haus und in die Kirche geschickt bekam, das wußte nur er allein. Nie sprach er davon, er ging seinen Weg des Mitleidens, des Helfenwollens und Helfenkönnens, und sein Weg war ausgeklügelt und gelungen.

Für die Frauen, die in Mischehe lebten, kamen nun immer schwerere Tage. Man holte ihre Männer, um sie nach Stunden wieder zurückzuschicken. Es war eine Attacke auf die Nerven dieser Frauen, um sie endlich zur Scheidung zu bewegen. Im Herbst 1941 wurde ein richtiges Ghetto für Mischehen geschaffen, das sich in der Großen Schiffgasse, um Karmeliterplatz und Floßgasse befand. Natürlich war für ein Ehepaar nur ein Raum bestimmt, der Zins war hoch. Man zahlte für diese Zimmer ca. 50–60 Mk., was bei den gekürzten Pensionen meistens ⅓ des zur Verfügung stehendes Geldes darstellte. 50 Mk. entfielen auf Gas und Licht, so blieben 50 Mk. zum »Leben«. Den arischen Frauen fiel natürlich keine Perle aus der Krone, wenn sie als Hilfsarbeiterinnen oder als Bedienerinnen gingen –

»höhere Posten« waren ihnen ja verschlossen. Wie schon erwähnt, betreute die männlichen Juden in der Leopoldstadt ein jüdischer Arzt, der sich in der Schreigasse befand.

Jüdische Frauen durften nicht gebären, ihre Kinder mußten abgetrieben werden. Sie bekamen eine Dokumentation, die sie zur Abtreibung verpflichtete.

Dieser Arzt in der Schreigasse wurde hingerichtet, weil er eine Frau behandelte, die keine Jüdin war, sich aber von einer jüdischen Frau die bewußte Dokumentation verschafft hatte. Der Arzt zweifelte natürlich nicht an der Echtheit des Dokuments, und daran, daß die Frau, daß sie eine Jüdin war, und behandelte sie dementsprechend (nahm dementsprechend die Abtreibung vor) ... Diese Täuschung flog auf und kostete dem Arzt das Leben. Wie infernalisch mit den Judendokumenten umgegangen wurde, soll folgende Begebenheit bezeugen.

Es gab z. B. einen Musiker in der Gr. Schiffgasse, der Konzerte besuchte und sich unter fremdem Namen in der Musikbibliothek der Ges. für Musikfreunde Partituren ausborgte. Seine »arische« Frau zitterte um sein Leben, denn diejenigen, die verraten oder sonst wie entdeckt wurden, den Judenstern abgelegt zu haben, kamen unbarmherzig in die Lager ...

Die vorhandenen Lager waren ja alle überfüllt und nun wurde das berüchtigte Lager Auschwitz zur Aufnahme hergerichtet. Da begannen jetzt die Notizen in den Zeitungen zu florieren: Auf der Flucht erschossen. Wer heute ein solches Lager besucht, wird einen Schock für sein ganzes Leben davontragen. Der Anblick der Gasöfen, der Genickschußvorrichtungen (nach Größen ausgerichtet) und der

Sammelstellen für Goldkronen, Goldzähne etc. ist so verheerend, daß Pfarrer Johann März von der Pfarre Baumgarten bei einer Besichtigung des KZ Mauthausen einmal sagte: Das muß man gesehen haben, was Glaubenslose vollbringen können.

Vor der »weinenden Madonna« am Seitenaltar der Leopoldskirche standen die Frauen im täglichen Gebet. Die einen wußten ihre Männer und Söhne im Krieg, die anderen waren in Angst und Sorge wegen der drohenden Verschickung ihrer Männer. Um Angst und Schrecken zu verbreiten, wurde das Gerücht heftig lanciert, daß auch die Mischehen nicht auf Dauer unbehelligt gelassen würden und daß die Zermürbungstaktik gegen die Mischehefrauen nicht vernachlässigt werden dürfte. Und gerade diese Frauen wußten aber, zu wem sie in ihrer Sorge gehen konnten und wer sie im vollsten Sinne des Wortes tröstete – zu Pfarrer Poch. Und sie holten sich täglich in jeder Weise Trost – bis zur Bombardierung, der fast vollständigen Zerstörung der Leopoldskirche am 12. März 1945. Die Bombardierungen begannen am 26. März 1944. 166 Alarme zählten wir bis Ostersonntag, 1. April 1945 7 Uhr. Dann gab es keinen Alarm und keine Sirene mehr, da begann die Beschießung, Belagerung Wiens ...

Die Leopoldstadt war wohl einer der am schwersten beschädigten Bezirke Wiens. Die Menschen rannten nach Voralarm in die Keller, auch in die Katakomben in der inneren Stadt – doch die besternten Juden mußten im Hause bleiben, denn der Ausgang der Juden beschränkte sich bis 2 Uhr nachmittags, was dann später gelockert und die

»Sperre« bis 7 Uhr abends ausgedehnt wurde. Man fürchtete die Kontrollen, und so wagten es bestimmt nicht viele, diese Sperrstunde zu übertreten. Die schwersten Angriffe waren am 10. September, 17. Oktober, 1. und 3., 5., 17. und 18. November 1944, 15. Jänner, 7. Februar, 12. und 15. März 1945. 6 bis 7 Stunden war man in den Kellern ...

Der Krieg ging weiter, weiter. Seit der Einführung des Judensternes, wie erwähnt, wurde man nicht mehr vorgeladen, sondern einfach geholt.

Die Lokalitäten der Castellezgasse als Zentrale wurden mit dem Gebäude des Realgymnasiums II. Kl. Sperlgasse 2 getauscht und nun wurden die Juden auf Lastwagen verladen – meistens nächtens – in die II. Floßgasse ins jüdische Bad transportiert, was viele in der Hoffnung wiegte, doch zur Arbeit verschickt zu werden. Das Baden wieder als – fast möchte man das Wort teuflisch gebrauchen – Täuschung: Man dachte: Es kann nicht so arg sein, wie man munkelt, die Deutschen halten eben auf Reinlichkeit, sie werden sich hüten, uns ganz zu vernichten, Drohungen sind nicht immer ernst zu nehmen und dergleichen. Doch es wurde ernst, mehr als man zu glauben vermochte ...

Wie stark die Hoffnung mancher gewesen ist, resultiert aus der Tatsache, daß sich Freunde zu »Abschiedsbesuchen« aufrafften zu einer Zeit, als noch die Karten ausgesandt wurden, weil sie vermeinten, es wäre eben eine Einberufung – anstatt zum Militär eben zur Arbeit nach Polen ...

Die Schule in der Kl. Sperlgasse 2a bestand aus einem Vordertrakt, in dem das Realgymnasium untergebracht war, und einem geräumigen Hof, dem sich die Hauptschule anschloß. Die »ausgehobenen« Juden, die zum Abtransport bestimmt waren, wurden in diese Gebäude eingepfercht. Wie sie dort »lebten«, entzog sich jeder möglichen Betrachtung, denn es konnten wohl Sachen abgegeben werden – auch nur notfalls –, aber eine Konfrontierung mit Nichtjuden war ausgeschlossen. Viele hofften wegen Krankheit irgendwie doch dem Verschicken zu entgehen, ist wohl selbstverständlich, jedoch – es nützte nichts. Man wurde eben, so gut es ging, auskuriert oder auch nicht und weg mußten sie ... Da gab es eine Frau, die einen plötzlichen Blinddarmanfall bekam. Sie wurde operiert – und sie machte es möglich, daß der Verband versagte und das Leiden verschob ihre Abfahrt auf fast 8 Wochen ... Nun, der Mann wartete die ganze Zeit hindurch in der Sperlschule. Seine Frau wiederum vermeinte, man würde ihn nicht so lange dort behalten, vielleicht gar zurückstellen. Vergebens. Zermürbt erwartete der Mann die Rückkunft der Frau aus dem Spital IX. Seegasse, einem jüdischen Altersheim, das nach der Besetzung des Rothschildspitals als Spital [einige Betten] eingerichtet wurde.

In diesen oben erwähnten Schulgebäuden gab es keine Schüler mehr. Sie wurden ausgeschult, was keine große Sache war, da die Schulen um das Ghetto herum fast durchschnittlich von jüdischen Kindern besucht wurden. Die Schulen in der Sperlgasse, Pazmanitengasse, Blumauergasse, Czerninplatz wurden durchschnittlich von jüdischen Kindern besucht. Unter 30 Schülern befanden sich höchstens 4–5 katholische Schüler. In den Schulen in der Holzhauserg., Wittelsbachstraße, Max Winterplatz, Vorgartenstr. überwog das katholische Element bei weitem.

In dem oben erwähnten Hof nun in der Kl. Sperlgasse spielten die Kinder der Internierten. Sie ahnten ja nicht, was ihnen und ihren Eltern bevorstand. Aber es waren eben Kinder und psychologisch ist es wohl interessant, daß sie durchwegs«aktuelle« Spiele bevorzugten. Eine Augenzeugin berichtete, wie sich die Kinder um einen etwa 8-jährigen Buben scharten, der als »Ausheber« galt. Er schrie die Mädchen und Buben an: Einpacken, schnell, schnell, jetzt nicht rühren, mitkommen! Und als sich ein älterer Bub einmischen wollte, sagte der kleine »Ausheber« stolz: »Mir kannst Du nichts tun, misch Dich nicht ein, ich bin geschützt, mein Papa ist in der Kultusgemeinde.« Das stimmte. Die Angehörigen der Kultusgemeinde waren geschützt, sie waren die allerletzten, die abtransportiert wurden.

Die »Ausheber« unterstanden der Gestapo. Unter ihnen befand sich auch der Mann einer nichtjüdischen Frau. Nach dem Kriege waren sie von Furcht erfüllt, daß man sie wegen ihres schmählichen Handwerks zur Rechenschaft ziehen werde. Dies ängstigte auch die Mitglieder der Kultusgemeinde, denen man eine Art Kollaboration mit der Gestapo nachsagte. Dem war aber absolut nicht so. Diese Kultusangehörigen – oder wie man sagte: der Ältestenrat der Juden – waren alles andere als fügsam. [Ab 1942 wurde die Kultusgemeinde in Ältestenrat der Juden umgewandelt.] Sie hofften nur durch eine mehr oder minder »ruhige« Art, ein Hinnehmen, für die bessere Behandlung der Juden zu sorgen, für sie eine Bonifikation herauszuschlagen. Aber diesbezüglich war alles umsonst. Sie durften, und haben es hernach auch erfahren, den Gestapoangehörigen Menschlichkeit nicht zumuten. Die Gestapoleute waren ausgesuchte Menschen, hart, und ihre Härte wurde tausendfach erprobt. Sie waren es im buchstäblichen Sinne des Wortes. Sie waren unerbittlich und der Wille zur Ausrottung der Juden von einer eisernen Stärke.

Der Winter 1942 war einer der kältesten, durchschnittlich zeigte das Thermometer 10–18 Grade minus. Hitler sammelte warme Kleider für die Soldaten im russischen Feldzug – der russische Krieg hatte ja am 22. Juni 1941 begonnen und hätte auch ein »Blitzkrieg« werden sollen. Doch Hitler wollte aus Napoleons Feldzug 1812 keine Lehren ziehen – er dünkte sich ja mehr als dieser Feldherr, der zum Unterschied von Hitler militärische Hochschulen besucht hatte. Also die Kälte im russischen Raum war exorbitant und die Soldaten eben für einen sommerlichen »Blitzkrieg« ausgerüstet, da wurde die ganze Bevölkerung Deutschlands und Österreichs – wir waren wohl zu Großdeutschland gehörig, aber wir sagten noch immer Österreich – alarmiert, Wollsachen für das Heer zu spenden. Die Hausbesorgerin in II. Haidgasse 5 wimmelte die Sammler ab. Die Juden haben doch nichts – und sperrte das Tor. Desgleichen tat sie es bei der Metallsammlung. Wieso sollten Juden zu Metallen kommen, wenn man ihnen alles weggenommen hat, widersprach diese brave Frau. Man drohte ihr mit der SS, mit der Gestapo! Desgleichen wurde eine Frau in einer Wäscherei deshalb zur Gestapo vorgeladen, weil sie nicht mit dem Hitlergruß, sondern mit »Grüß Gott« grüßte und sich verabschiedete.

Die Frau sagte: Wieso soll ich Heil Hitler sagen, wo ich ihn doch nicht kenne! Ich habe auch zu Kaisers Zeiten nicht: Heil Franz Josef gesagt, wenn sie zur Türe hinaus und hinein gingen? Man donnerte die Frau an. Ich kenne ihn nicht, war ihre ständige Redensweise. Da meinte ein Gestapomann: Laß sie laufen, die ist ja verrückt!

Die Not stieg, die Aussiedlungen gingen weiter, aber langsamer, denn die Transportmittel wurden immer weniger und weniger, Lebensmittel waren mehr als knapp und da wuchtete eben in den Gehirnen der absolute Vernichtungsgedanke: Gas. Keine Wohnung, kein Essen –. Die Baracken waren überfüllt, der Ausweg aus der Judenmisere: Gas!, und der Henkerstrick für die Unbotmäßigen ... Doch dieser Strick war nicht für die Juden bestimmt, er durfte nur Ariern um den Hals gelegt werden. Nackt, aller Kleider beraubt, wurden die Juden in die Gaskammern getrieben, die als Baderäume getarnt waren ...

Das war das Thema in der Osterwochen-Predigt des Pfarrers Poch: Jesus wurde seiner Kleider beraubt. Und nur Ahnungsvolle wußten, was der Priester meinte, denn wenn in der Bevölkerung das Gerücht von den Gaskammern auftauchte, wurde wegen Verbreitung sofort der Paragraph der »Greuelnachrichten« zitiert und geahndet ...

Inzwischen wurde die Anweisung an die predigenden Priester gegeben, die Predigten schriftlich einzureichen. Und vielleicht datiert eine gewisse Unsicherheit der Prediger in der Nachkriegszeit daher, daß man das tiefe, starke Wort mehr oder minder verschmähte, wenn auch die Herzen übergingen, was sich da an Gram und Druck gesammelt hatte.

Pfarrer Poch konnte aber immer Trostworte einflechten, es war manchmal überwältigend, mit welchem Eifer er sprach und [daß] man ihn doch nicht mit einem Verbot erreichen konnte. Es war, als ob wirklich der Heilige Geist über ihm war, der ihm die Worte eingab. Man konnte es nicht fassen, daß solche Tapferkeit in diesen unduldsamen Zeiten mehr oder minder unbehelligt blieb, denn es hatte sich schon herumgesprochen, welche Hilfeleistungen er den bedrängten Juden zuleitete, und die Angst unter seinen Gläubigen war gewiß berechtigt. Doch er schwieg und seine stete Freundlichkeit, seine tiefe Gläubigkeit zog immer mehr Menschen in seine Kirche, die eine der am stärksten besuchte in Wien war. Sein Mut schien grenzenlos und das blieb nicht verborgen.

Nachdem aber im Reich draußen viele Künstler und Wissenschaftler jüdische Frauen hatten, war in diesen Mischehen eine gewisse Lockerung vorhanden. Diese Frauen mußten, wie erwähnt, keinen Judenstern tragen, ihre Kinder als Mischlinge wurden anfangs sogar in die Armee eingezogen. Sie mußten nur in den seltensten Fällen die Wohnungen räumen, wenn auch in der letzten Phase des Krieges, wo so viele Häuser in Trümmer lagen und enormer Wohnungsbedarf herrschte, man auch auf diese Wohnungen zurückgriff. Ehe aber diese Angelegenheit in Angriff genommen wurde – war der Krieg zu Ende.

Doch in der Leopoldstadt gab es fast keine solchen Ehen, was auch begreiflich war. Die Leopoldstadt war eben eine jüdische Ansiedlung, die vielfach orthodoxen Charakter hatte. Nichtjuden lebten dort ganz wenig mit jüdischen Frauen und die wenigen hatten rechtzeitig die Flucht ergriffen.

Die Maipredigten 1943 des Pfarrers P. ließen die Frauen

in Scharen zur Kirche strömen, denn Stalingrad (Februar 1943) lag hinter uns und die Verzweiflung der Menschen wich einer gewissen Stumpfheit. Aber die Juden in der Leopoldstadt ließ eine gewisse Hoffnung in ihr Herz leuchten, daß der Krieg nun bald ein Ende haben würde. Vergebliches Hoffen. Noch zwei bittere Jahre mußten durchlebt und durchlitten werden. Die Stummheit der Menschen glich steinernen Straßen, die durchschritten werden mußten.

Hitler sammelte Geld, Geld für die Winterhilfe, deren Bestätigungen auf die Wohnungstüren aufgeklebt waren. Die Kirchenväter wurden bedrängt zu spenden. Doch damit ihr Geld nicht in die Kriegskassen floß, wurden die Kirchen renoviert. Auf das Schönste wurde die Leopoldskirche hergerichtet, nicht ahnend, daß auch Kirchen gebombt werden könnten. Der Pfarrer Poch schien glücklich, Geld für die Restaurierung und für Unterstützungen zu haben und es nicht für Kugeln, MGs, Tanks und V2, die England nun Tag und Nacht bombardierten, herzugeben.

Nun gab es aber immer mehr rauchende Häuser und man spürte förmlich, wie die Tragödie der Zertrümmerung, der Zerstörung zutrieb. Der Seelendruck schien die Menschen zu zermürben; aber Pfarrer P.s Kirche war immer voller Besucher und oftmals merkte man, wie sich das Antlitz so mancher vom Leid Gezeichneter entspannte.

Zu Weihnachten zirkulierte folgendes Gedicht im Hause Schiffgasse [hier wohnte meine Omi im Ghetto]:

Deutsche Weihnacht[7]

Es ist Zeit, daß wir vom jüdischen Krippenkind
uns zum urgermanischen Wotankult bekehren.
Nur Schafe, Esel und einfältig Rind,
können heute wie damals ein jüdisches Wesen verehren.

Dieses Kind, das durch feige Flucht und List
sich dem Bethlehem-Pogrom entzog,
war natürlich Jude und nannte sich Christ
und hat die Zeit mit seinem Namen betrogen.

Ein arbeitsscheuer, landfremder Vagabund,
der mit bolschewistischen Lehren hausierte –
mit einem Wort ein jüdischer Hund,
der gegen die arische Autorität agitierte.

Nein, wir brauchen Wotan, den germanischen Helden,
der mit leuchtendem und blitzendem Speere
die Juden vertreibt aus deutschen Welten
mit jauchzendem Walkürenheere!

Die Menschen waren entsetzt. Unseren Heiland so zu verspotten –. Aber – wie alles Böse zu Positivem hinlenkt – man hörte, daß jüdische Männer sich ostentativ taufen ließen. Das hat dieses böse Gedicht bewirkt. Pfarrer Poch predigte: Wo man hingestellt wird, soll man arbeiten. Hat er vielleicht auch das Gedicht gelesen?

Am 17. Dezember 1944 wurde eine Nachtandacht in der Kirche unter der Devise abgehalten: Maria, breit den Mantel aus. Die Weihnachtspredigt: Selig, selig sind die, die ein reines Herz haben. Er hatte es, dieser lautere Priester, der auf Christi Spuren wandelte. –

7 Der angegebe Autor konnte nicht bestätigt werden.

Die Vergasungen gingen weiter. Geisteskranke, unheilbare Nichtjuden bekamen tödliche Injektionen. Die Urnen wurden den Verwandten zugeschickt. »Tod durch Lungenentzündung«, »Schlaganfall« stand auf den Totenscheinen. Alarm folgte auf Alarm, man kam kaum aus den Kellern, man kam mit den Aufräumungsarbeiten nicht nach. Bis zu 6 und 7 Stunden wurden in den Kellern verbracht.

Am 12. März 1945 schwerster Angriff. Nun mußte auch die Leopoldskirche zu Boden. Die Menschen standen verängstigt vor dem zerstörten Gotteshaus. Sie weinten. Sie schämten sich nicht ihrer Tränen, jedoch sie sahen sich um, ob kein Schmähender sie sähe. Nein, es gab nur Trauernde. Kirchen zerstört. Gott prüfte und gab die Erkenntnis, ER war stärker als er, der sich von der Vorsehung »auserwählt« hielt. Wir mußten alle durch diese Erkenntnisschlucht. Und ER schützte die, die an IHN glaubten, die sich von IHM führen ließen.

Am 14. März 1945 gruben sich die Bomben in die Johann von Nepomukkirche in der Praterstraße ein. Die Kirche der Barmherzigen Brüder verlor ihren Turm.

Dann kam die Belagerung. Am Ostermontag, 2. IV. 1945. Es war die Hölle. Eine Woche lebten die Leopoldstädter wie die Troglodyten, denn hier spielten sich die härtesten Kämpfe ab. Hier wurde am längsten gekämpft. Die Reichsbrücke und den Donauübergang hielten die Deutschen lange. Keine Kapitulation wurde verordnet, doch sie mußten kapitulieren.

In der Schiffgasse 19 musterte der Blockwart die Sternträger. Hier werdet ihr nicht mit den Frauen zusammen sein! Trennung – hie nichtjüdische Frauen, hie Juden. So viele Juden sind noch da, kläffte er. Man kann ja alle nicht auf einmal umbringen! (Er bekam 17 Jahre Kerker für diesen Ausspruch.) Da meuterten die Frauen: Wir bleiben zusammen. Wir sterben zusammen, schrien sie. Da wandte der Mann sich ab und sagte nur: Meinetwegen.

Kanonendonner. Ecke Schiffgasse und Nickelgasse war Munition eingelagert. Die Keller mußten Verbindungen, Durchlässe haben, um im Notfall von einem Haus zum anderen zu gelangen.

Man rief herüber: Um Gotteswillen, hier ist Munition, die Stalinorgel steht an der Ecke, wir werden in die Luft gesprengt!

Man schloß die Augen und wartete darauf, in die Luft gesprengt zu werden! – Nichts.

Jedoch kam die Anweisung, alle Mischehen zum Abtransport bereit zu halten. Jetzt, während der Belagerung? Ja, jetzt! Wer wird sie führen? Keine Antwort als »bereithalten«. Eine Ärztin wurde mit ihrem Mann abtransportiert (von der Nickelgasse). In der kleinen Stadtgutgasse, so hörte man, sind die Mischehen schon gesammelt – weiter erfuhr man nichts.

Und nun sollten die Ehepaare von der Gr. Schiffgasse abgeholt werden. Eine Frau in der Schiffgasse 21 betete 100 Rosenkränze: »Wachet und betet, damit ihr nicht in Versuchung fallet ...« Die Ehepaare in der Schiffgasse wachten und beteten. Sie blieben heil, während die anderen erschossen wurden und am Praterstern, wie wir noch später hören werden, in der Parkanlage begraben wurden.

Es war 9 Uhr abends am 9. April. Die Stalinorgel dröhnte, der Dämonenreigen war noch nicht zu Ende. An jedem der Tage ab dem 4. April glaubte man den Höhepunkt der Granateinschläge, des Maschinengewehrgeknatters, der Bordwaffeneinschläge zu erleben. Das Wüten der Kriegsfurie schien kein Ende zu nehmen.

Und doch, immer mehr entfernte sich das Kriegsgebrüll, wetterte gegen die Praterstraße, der Reichsbrücke, Floridsdorf zu. Man wagte sich in die Ruine des Hauses, hißte weiße Tücher, denn allenthalben wurden russische Soldaten sichtbar, und am Freitag, den 13. April hieß es: Die Russen sind da! Doch noch donnerten die Kanonen, wenn auch ferner, und die Angst, die Deutschen könnten zurückkommen, breitete sich allenthalben aus! Dann Gnade uns Gott, dachten die Juden! Doch nein! Russische Soldaten auf den Straßen, auf denen meterhoch die Haustrümmer lagen.

Es war so unwirklich! Fast sieben Jahre tiefstes Leid, Schmerz, Druck, Schmähung, Demütigungen ohne Ende – und nun sollten diese Qualen der Befreiung weichen? Es war nicht auszudenken! Man fiel sich in die Arme und hatte Tränen in den Augen! Wie oft hörte man an diesem Tage den Ruf: Wir sind frei! Wir sind frei! Die Judensterne wurden von den Kleidern gerissen, und wenn auch alle diese im Ghetto Lebenden vor dem Nichts standen und auch sonstige Lebensmöglichkeiten, wie Gas, Licht, Wasser nicht vorhanden waren – was machte das schon aus! Wer diese Befreiung nicht erlebt hat, kann es niemals und nicht ermessen, was diese Befreiung aus diesem Gefängnis, in das man ohne Schuld geriet, bedeutete!

Am 27. April Proklamation: Die Österreichische Republik ist auferstanden.

Nach den erschütternden Szenen betrat man ängstlich die Straße. Berichte von Plünderungen, Ausschreitungen drangen in die engen Gassen der Leopoldstadt und man versperrte die Tore infolge der verlauteten Gewalttaten ... Aber manche lockten doch die herrenlosen Geschäfte, die sie ausräumten. Jemand hatte 100 Fleischpicknadeln in Händen – wozu? Das Tabakmagazin Am Tabor wurde gestürmt. Die Taborstraße war mit Tabakblättern übersät, den auf den Straßen liegenden Pferdekadavern wurden die Fleischteile abgeschnitten, die Skelette lagen zerbrochen durch die wüste Zerstückelung des Fleisches. Tote Soldaten, deutsche, russische bedeckten die Gehsteige – es war eine apokalyptische Schau!

In der Leopoldstadt gab es bis fast Ende Mai kein Wasser. Man mußte Ende des Schottenrings zu einem Wasserauslauf gehen, an den Gräbern vorbei, die in den kleinen Vorgärten waren. Und immer dachte man: »Der Herr gebe allen, die so gestorben sind, die ewige Ruhe und das Licht, Sein Licht leuchte ihnen, Herr, laß sie ruhen in Frieden.«

Der erste Gedanke: Wohin mit den Toten? Kein Sarg, absolut keine Möglichkeit einen Friedhof zu erreichen, denn es gab keine Straßenbahn, überhaupt keine Transportmöglichkeit in der Leopoldstadt. Leopoldstadt, Simmering, Favoriten, die Bezirke, in denen Fabriken und Kriegsmaterialstätten vermutet wurden, waren fast vollständig vernichtet, kein Haus ohne Schaden. Die äußeren Bezirke, durch die Russen fast ohne Kampf durchkamen, wie VI., VII., VIII., IX., X., XIII., XVII., XVIII. und XIX. Bezirk trugen leichte oder ganz wenige Schäden davon. Dort gab es auch fast keine Toten, die auf den Straßen lagen. Ab und zu traf eine verirrte Kugel, wie im Falle des Bruders des Pfarrers Granditsch in der Zieglergasse ... Er wurde im Schulvorgarten begraben, denn gerade vor der Schule hatte ihn, Otto Granditsch, die tödliche Kugel getroffen. Nun wurde die kleinste Parkanlage ein Friedhof. Nachdem man aber in den umkämpften Bezirken mit den »Parkanlagen«, die sich ja im April noch nicht parkähnlich zeigten und meistens durch die Kampfhandlungen devastiert waren, nicht auskam, wurden Stadtpark, Augarten herangezogen, die Leichen ohne Sarg, mit zerfetzten Kleidern begraben, ohne priesterlichen Segen bestattet, der ja später bei den Exhumierungen nachgeholt werden konnte. Dazu kam noch, daß viele Menschen durch Sorge, Lebensmittelmangel in ihren Wohnungen umkamen und auch auf die oben erwähnte Art in die Erde versenkt wurden.

Pfarrer Poch wurde zu Hilfe gerufen, und manchmal gestaltete er eine kleine Einsegnung; doch er hätte sich ja verhundertfachen müssen. Seine Kirche war noch immer mit Schutt und Trümmern angefüllt, eine Art Notgottesdienst fand in der so halbwegs begehbaren Sakristei statt, während Messen in der nächsten Zeit in der halbwegs sich in Ordnung befindenden Barmherzigenkirche abgehalten wurden. Für die Juden gab es vorläufig keine Gebetsverrichtungsmöglichkeiten. Am Schottenring 30 eröffnete sich in den späteren Apriltagen eine Art Meldestelle. Man hatte von der Leopoldskirche gerettet, was zu retten war: Bilder, Messgewänder etc. Vieles war schon vorher in Sicherheit gebracht. Das kostbare Bild des Hochaltars wies große Beschädigungen auf, wurde abgenommen und später vollständig restauriert.

Mit Zuspruch und Segen und mit übermenschlichen Kräften suchte der Pfarrer nun auch den Menschen praktisch beizustehen. Die Befreiung der Juden war für ihn eine besondere Genugtuung, ein Ausgleich für seine immerwährenden Sorgen, seine Gebete und seine Hilfsbereitschaft.

Wien war eine zerschundene Stadt – der Stephansdom ohne Dach, die prachtvollen Ringstraßengebäude Trümmerhaufen. Seit der Türkenbelagerung hatte Wien keinen kämpferischen Krieg erlebt.

Doch Österreich, die Juden waren frei! Kein Morden mehr, keine Zerstörung, keine Judenhatz mehr.

Dankgebete stiegen zum Himmel.

Die innigsten waren gewiß die jener Juden, die in der Leopoldstadt das Ende des Naziregimes erlebten.

Nun wurden die Straßen geräumt. Hitlerbüsten lagen herum, unzählige Exemplare von »Mein Kampf«. Die Russen suchten nach Nationalsozialisten, die natürlich, so gut es ging, das Weite suchten.

In den ersten Tagen der Belagerung waren sie ja schon nach Westen gezogen, zur »Alpenfestung«, von der sie einen sieghaften Ausbruch erhofften!

Welches Blendwerk der Hölle, des Teufels hatte diese Menschen genarrt!

Es darf aber nicht vergessen werden, daß jetzt die Leopoldstädter Juden von den hiergebliebenen Nationalsozialisten bestürmt wurden, ihnen »Dokumente« auszustellen, daß sie sich den Juden gegenüber »fair« verhalten hätten, ja sogar ihnen Hilfe angedeihen ließen, als die Verfolgung zu arg wurden!

Die Juden lächelten, denn diese »Dokumente« nützten nichts, wenn sich auch mancher Nichtjude entschloß, einige neutrale Zeilen niederzuschreiben, angesichts seiner Erfahrungen von Not und Gefängnis. Es waren ganz wenige Juden in der Leopoldstadt zurückgeblieben. Die in Mischehe Lebenden suchten sich neue, menschenwürdige Wohnungen, und die paar nicht mehr Abtransportierten, da ja Mangel an Transportmitteln geherrscht hatte gegen Ende des Krieges, wo draußen in Deutschland schon das militärische Ende nahte, wurden von der Kultusgemeinde betreut, die sich, wie schon erwähnt, I. Schottenring 30 etabliert hatte.

In der Blumauergasse lagen die Trümmer fast 5 m hoch und es dauerte Monate, bis die Straßen begehbar waren.

Im ehemaligen Polizeikommissariat Raimundgasse – Schiffamtsgasse war das Depot der »Judeninventare« gewesen. Dort wurden täglich von 1941 bis März 1945 die beschlagnahmten Möbel, Kleider, Wäsche versteigert. 2 Mark war der Ausrufspreis. Die »Volksgenossen« hatten ordentlich Gebrauch von dieser Bonifikation gemacht. Nun lagen die Reste dieser Gegenstände unter Trümmern begraben. Aber auch die all ihrer Habe beraubten Menschen fanden jetzt Zuspruch. Und mancher Jude erkannte ein Stück aus seinem Eigentum, denn hier waren ja hauptsächlich die Sachen der Leopoldstädter Juden zusammengetragen worden. Diese Lokale waren immer überfüllt gewesen und diese »Auktionen« waren allen ein Greuel gewesen, außer für die, die davon profitierten. Im Mai 1945 gab es schon ab und zu in den Häusern Wasser und Licht. Die Menschen schleppten Balken von den zerstörten Gebäuden in ihre

Häuser und kochten das spärliche Essen. Brot wurde zuerst ausgegeben. In Schlangen standen die Menschen vor den Geschäften.

Doch eines muß gesagt werden: Die abgezehrten Juden mit ihren Frauen wurden überall mit einer gewissen scheuen Achtung betrachtet. Man fragte sie aus, und jeder Nichtjude wollte an der Freiheitsfreude teilhaben. Es war in den letzten Apriltagen so etwas wie eine Verbrüderung zwischen Juden und Nichtjuden in der Leopoldstadt.

Am 7. Mai 1945 um 2.41 Uhr nachts kapitulierte auch Deutschland. Der Krieg war nun wahrhaftig zu Ende.

Überall begann nun ein Aufräumen und wahrlich, hier konnte man es sagen: Neues Leben blühte aus den Ruinen.

Hitler war tot. Seine »Vorsehung« hatte ihn verlassen. Auf schmählichste Art ist er zu Grunde gegangen. Sein Nimbus zerstoben ...

Die Konzentrationslager wurden geöffnet, Skelette lagen haufenweise in den Lagern.

Theresienstadt, das letzte gegründete Lager für die Juden, wollte mit einem fast menschlichen Anstrich die grundlose Bosheit des Systems darstellen. Man legte sogar kleine Parkanlagen an, bestellte eine Musikkapelle, denn Abgesandte des Roten Kreuzes hatten sich angesagt. Wohlweislich zeigte man ihnen nicht Mauthausen, Oranienburg, Flossenburg, Auschwitz, Dachau.

Die Welt war ja voll von den Gerüchten von den Zuständen dieser Konzentrationslager. Und so »lud« man eben Mitglieder des Schweizerischen Roten Kreuzes ein und sagte zu ihnen: Bitte, seht, so leben die Juden, besser als so manche Volksgenossen, sicher besser als unsere Soldaten.

Nun war aller Greuel, Mord zu Ende.

Ausklang

Die Vernichtung der Nazi war restlos im Kriegsgeschehen. Hier galt wahrlich das altbiblische Wort: Aug um Auge, Zahn um Zahn.

Aber immer wieder stehen und standen die Juden auf, gleich einem Vogel Phönix. Es war und ist dies kein Wunder, denn sie sind das Gottesvolk, dem der Messias entsprang und das, so hofft die Menschheit, dies endlich anerkennen wird.

Vielleicht werden sie solange geprüft und verfolgt, bis sie eben Christus anerkennen, und nicht so, wie sie vermeinen, [daß] der Messias erst kommen würde. Dies alles aber liegt in Gottes Ratschluß, jedoch liegt die Erkenntnis dieses Geschehens in den Seelen der wahren Christen.

Liebe Omi!

Wie schon vorher erwähnt, müssen wir Christen akzeptieren, dass die Juden Christus nicht als Messias anerkennen. Sie sind von Gott auserwählt, um Ihn – Gott – zu loben und zu preisen, wie in Exodus 6,7 geschrieben steht: »Ich nehme euch als mein Volk an und werde euer Gott sein.«

So sehen die Juden ihre Auserwählung. Die Bedingung ist, dass sie sich dieser Auserwählung würdig erweisen, indem sie der Thora und ihren Pflichten gemäß leben. Dazu gehören unter anderem der Gottesdienst, das Sabbatgebot und die vielen anderen Gebote.

Aus deinem Tagebuch »Die Apokalyptischen Jahre« habe ich jene Aufzeichnungen ausgewählt, die mich persönlich am meisten berühren.

Aus dem Tagebuch »Die Apokalyptischen Jahre«

19. April 1938

Heute kehrte ich in die katholische Kirche zurück. Bis jetzt galt ich seit meiner Heirat als – konfessionslos. Am 31. März wurde mein Kind getauft. Warum doch nur? Um den strengen nationalistischen [nationalsozialistischen] Gesetzen zu entgehen. Und für mich zum Kinderglauben zurück? Und nun die »Mischehe« mit meinem geliebten Mann. Alles so merkwürdig: Gewollt, »heimgekehrt« ... [Meine Großmutter ist 1915 aus der Kirche ausgetreten,[8] um ihren Mann zu heiraten. Bis 1938 war sie konfessionslos, dann ist sie wieder eingetreten, um ihn kirchlich zu heiraten und ihn dadurch zu retten. Ihre Tochter Lisl hat sich 1938 taufen lassen, um einen Christen zu heiraten, aber sie galt als Jüdin, da sie bei ihrer Geburt in der Kultusgemeinde eingeschrieben war. Deshalb konnte sie 1938 nicht heiraten. Im September 1938 ist sie aus Wien geflüchtet.]

8 Im alten Österreich (bis 1938 in Kraft) gab es das so genannte „Ehehindernis wegen Religionsverschiedenheit", formuliert im §64 des Allgemeinen Bürgerlichen Gesetzbuches von 1811: „Eheverträge zwischen Christen und Personen, welche sich nicht zur christlichen Religion bekennen, können nicht gültig eingegangen werden."

Meine Großeltern

10. November 1938

Heute früh 7 Uhr – Hausdurchsuchung. Sie haben das ganze Silber genommen [ich nehme an, dass die Nazis das einzig wertvolle genommen haben.]

Lisl hat noch nicht geschrieben ... Warten auf Post. Die Suchmänner sagten zum Mann: Machen Sie sich für 6 Uhr bereit, um 6 Uhr abends läutete es Sturm. Unsere Herzen sanken, ganz tief, ganz tief ...

Der Briefträger stand draußen und brachte uns einen Brief von Lisl, daß sie in Manila angekommen ist. Wir umarmten uns – sprachlos ... Nur Tränen ... O Dank, Dank!

3. August 1939

Heute bekamen wir die Kündigung. [Juden wurden von ihren Wohnungen ausgewiesen.]

27. August 1939

Keine Flugpost mehr. Krieg in Sicht. Alles so nett in der Wohnung, die ich verlassen muß – an Lisls Geburtstag – nein, wir müssen schon am 13. Oktober übersiedeln in die Haidgasse 5.

4. November 1940

Lisl hat in Manila geheiratet.

25. November 1941

Ausziehen in die Große Schiffgasse 21. Mischehenghetto. Besser ein Loch und gesund als krank im Palast.

Frau Brandl beleidigt mich schwer. Sie sagte: Warum ziehen Sie nicht zur Mutter? – Ich, ohne Mann! Niemals,

niemals. – Wollen Sie damit sagen, daß ich meinen Mann, der extra wohnt, nicht schütze? – Ich nickte. Und einige Tage darauf wurde er nach Riga verschleppt und sie hat ihn nie mehr gesehen ...

Liebe Omi!

Deine Gedanken und Gefühle zum Mischehenghetto und wie es dir darin ergangen ist, schreibst du auch in deinem Manuskript »Stärker als der Tod ist die Liebe. Nicht getrennt – neu verbunden« nieder:

Welche Welt, welche furchtbar böse Welt des Wahnes! Die lebende Welt durftest Du nicht sehen, nur an Tod und Vergehen denken! Und ich, ich durfte genußreiche Ausflüge machen, durfte Blütenlust und Blütenpracht genießen, zartestes Grün, Seidenhimmel, Maienwelt und Sommerreife, Herbstmannigfaltigkeit und Winterweiße. Die Welt war zu schön und Du durftest sie nicht sehen, saßest in drückender Luft, oftmals einsam. Habe ich Dich zu oft alleine gelassen? Ich glaubte, Eindrücke hamstern zu müssen, um Dir davon erzählen zu können, weil ich wußte, daß es Dich freute, mich aus den Kerkermauern entfernen zu dürfen. Dachte – habe ich genug an Dich gedacht? Mein Herz ging über voll der Sehnsucht nach den Kindern.

Wenn ich auf der Straße mit Dir ging, sahen die Leute zuerst auf den Stern an Deiner Brust, dann auf mich.

Ich besaß jetzt ein verbreitetes Fensterbrett, auf dem ich schreiben konnte. Ein eigenes Arbeitszimmer zu 50 Quadratzentimeter – das genügte. Ich durfte noch schreiben, wenn auch nur für mich. Graue Häuser und ein ganz kleines Himmelsstückchen, das waren meine Ausblicke. Vor einem Fenster hatten wir ein Kästchen befestigt. Darin bauten wir Tomaten an, denn Blumen und Tiere durften Juden nicht halten ... und wir galten ja als Juden. Draußen auf der Türe vor unserem Zimmer prangte der gelbe Davidstern. Doch wir waren avanciert. Wir lebten im Mischehen-Ghetto, im Verband mit drei solchen Ehepaaren.

8. Dezember 1941

Krieg bei den Kindern! Pearl Harbour! [Überfall der Japaner auf die amerikanische Kriegsflotte: Beginn des japanisch-amerikanischen Krieges.]

27. Februar 1943

Heute, heute – ich habe keine Worte: Die Post vom japanischen Roten Kreuz: »HELEN, PARENTS ALLRIGHT HANS LISL«

465 Tage, 68 Wochen ... Dank und Dank und Dank. Ich neige mich tief ... Immer Ausgleich. Gestern Erschütterung, heute Allerallertiefstes, Unaussprechliches, wirklich Unsagbares. [Liebe Omi, du warst immer der Ansicht, dass sich alles ausgleicht. Was du hineinbezahlst, bekommt du zurück – immateriell gesehen. Nach all den Ängsten von eineinhalb Jahren hast du erfahren, dass deine Tochter und dein Schwiegersohn wohlauf sind und dass du eine Enkelin namens Helen hast.]

10. März 1943

Heute früh ½ 8 SS, Dokumente vorzeigen. Die Gefürchteten nahmen Dich sowie alle jüdischen Menschen, die im

Hause greifbar waren, mit sich. Der Gestapomann herrschte Dich an: Sie müssen in einer 1/4 Stunde bereit sein! Packen! Ich sagte, wir leben doch schon 30 Jahre zusammen. Antwort: Lange genug. Ich: Der Mann ist 69 Jahre alt. Antwort: Er ist alt genug geworden. Ich war wie abwesend. Packte. Abschied. Du und die anderen wurden über die Stiegen gejagt. Schweres, schwerstes Herz ... In etwa einer halben Stunde kam er zurück, da man »nur« der geschiedenen Männer, die von ihren »arischen« Frauen getrennt lebten, habhaft werden wollte.

8. April 1945

Nur im Keller. Keinen Schritt hinauf in die Wohnung. Flieger, Kanonendonner, Maschinengewehrgeknatter. Und es fiel der Judenstern.

12. April 1945

Die vierte totale Nacht im Keller. Die Menschen nervös, unleidlich. Als wir uns anfangs im Keller versammelten, meinte der »Blockwart«: hie Juden, hie Arier.

»Nein« sagte ich, »zusammen gelebt, zusammen sterben.« So gab es keine Trennung.

13. Februar 1946

HANS, LISL, HELEN, RUTHY ALLRIGHT. ALL BURNT, MANILA FIRE, LONGING TO SEE YOU SOON: WILL TRY EVERYTHING! Money AVAILABLE. KISSES FROM ALL. [Dieses Telegramm vom Roten Kreuz, das im Original noch vorhanden ist, war die erste Nachricht nach drei Jahren Krieg auf den Philippinen. Nun gab es zwei Enkelkinder, ich kam 1944 auf die Welt. Meine Eltern hatten im Feuer von Manila alles verloren.]

3. Juli 1946

Keinen Hunger mehr, baden dürfen. Briefe vom Kind – was mußten sie mitmachen! Die Japaner, das brennende Haus – was ich alles zu denken, zu fühlen habe! Vorgestern Taifun auf den Philippinen! Wie ist das nur? Gibt es keine wirkliche Sprache der Liebe, des Herzens? Für mich ist alles zu wenig. Und nur immer und immer das eine Wort: Dank, Dank! Und unaussprechliche Reue: Ich habe das Kind Gott nicht lieben gelehrt. Ich wollte Judentum und Christentum zusammenführen, denn Jesus war doch Jude und deshalb wollte und wollte ich einen Juden heiraten! Und ich habe die Zusammenführung nicht erreicht. Vielleicht, vielleicht – einen Grund gelegt?

Momente lang tiefer Gram, wie ich nicht glaubte, ihn empfinden zu können – schmerzlichste Reue und zugleich Empfinden Seiner Milde! Seinen Segen! Möge er über die Kinder und Kindeskinder fließen! Gib den Menschen die Kraft, daß sie Dich wirklich erkennen, dann wird wahrer Frieden sein! Diese Gotteserkenntnisse! Manchmal so aufgewühlt. Ist es richtig, daß ich schrieb an Edith: »Ich bin so aufgewühlt – Herrgott gibt es ja nur einen und durch welche Konfession man ihm dient, ist ja nur Erziehungssache. Mir ist unser Gottesdienst, die Liturgie, das genehmste. Ist es recht so?«

Es beginnen nun die schönen, sanften Tage.

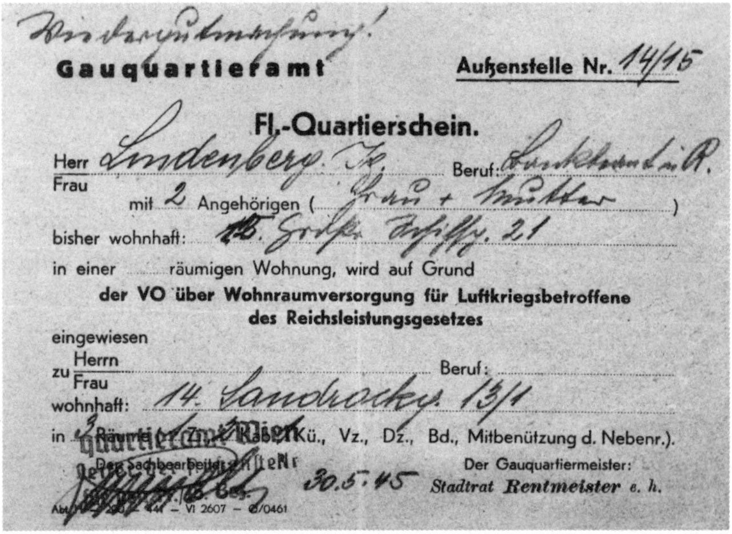

Gauquartieramt Außenstelle Nr. 14/15

Fl.-Quartierschein.

Herr / Frau Lindenberg Fr. Beruf:

mit 2 Angehörigen (Frau + Mutter)

bisher wohnhaft:

in einer ...... räumigen Wohnung, wird auf Grund

der VO über Wohnraumversorgung für Luftkriegsbetroffene
des Reichsleistungsgesetzes

eingewiesen

zu Herrn / Frau Beruf:

wohnhaft: 14. Sandrockg. 13/1

in 3 Räumen (.. Zi., Kab., Kü., Vz., Dz., Bd., Mitbenützung d. Nebenr.).

Der Sachbearbeiter: 30.5.45 Der Gauquartiermeister:
Stadtrat *Rentmeister* e. h.

Abt. ... — VI 2607 — ©/0461

30. Mai 1945: Rückkehr in die Wohnung von 1939

Liebe Omi!

In diesem Absatz, den du Ende des Krieges geschrieben hast, ist sehr viel von deiner Einstellung, deiner Identität, deinem Mysterium spürbar. Ich werde versuchen, einiges zu erklären und meine Meinung dazu zu geben. Es muss ein unbeschreibliches Gefühl sein, wenn man all das überlebt, seine Dankbarkeit Gott gegenüber auszudrücken. Keines der Worte kann das erklären. Deine Reue, dass du deine Tochter Gott nicht lieben gelehrt hast, ist wahrscheinlich eine Belastung, die du seit ihrer Geburt mit dir herumträgst, und das ist auch die Weigerung deines Mannes und deiner Schwiegermutter, sie taufen zu lassen. Da verstehe ich dich nicht, da ja meine Mutter jüdischen Religionsunterricht hatte. Da hat sie sicher über Gott gelernt und auch, Ihn zu lieben. Du schreibst, es gibt nur einen Gott, der verehrt wird, sowohl von Christen als auch Juden. Immer wieder schreibst du: »Herrgott gibt es ja nur einen, und durch welche Konfession man ihm dient, ist ja nur Erziehungssache.«

Vollkommen unverständlich ist für mich der Satz: » ... um Christentum und Judentum zusammenzuführen«, wolltest du einen Juden heiraten und du hast »die Zusammenführung nicht erreicht. Vielleicht einen Grund gelegt?«

In aller Bescheidenheit könnte meine Arbeit in diese Richtung gehen. Ich bin im Vorstand des Koordinierungsausschusses für christlich-jüdische Zusammenarbeit, im Mauthausen-Komitee und halte Vorträge in christlichen und jüdischen Gruppen. Für mich ist die Zusammenführung von Christentum und Judentum eine andere, ich verstehe etwas anderes darunter.

Jesus Christus wird als Jude angesehen und man kann das

Kardinal Franz König, Therese Lindenberg und Johann März, Pfarrer von Baumgarten, Anfang der 1960er Jahre

Christentum nur über das Judentum verstehen. Omi, du hast immer wieder betont, dass die Juden Christus als Erlöser anerkennen sollen. Durch den Ein-Gott-Glauben ist das für Juden nicht möglich. Du schreibst in »Höre Israel«:

> Warum verleugnest Du Deinen mächtigsten Sohn. Wenn er auch in Deinen Augen nicht der Messias ist, bedenke doch, Er ging aus Deinem Stamm hervor! Dafür mußt du büßen, daß Du Deinen größten Sohn aus Deinem Leben ausschaltest und sagst: Ich kenne Ihn nicht! Hättest Du gesagt: Ich kenne Ihn, aber bekenne mich nicht zu Ihm – Deinem Vaterglauben wärest Du natürlich nicht abtrünnig geworden und Du hättest Dein großes Vergehen abgewendet, abgewehrt.

Nein, Omi, in dieser Thematik bleiben wir verschiedener Meinung!

Früher sagte man, das Judentum habe keine Berechtigung ohne das Christentum und das Alte Testament könne man nur durch die Brille des Neuen Testamentes sehen. Heute ist die Erklärung folgende: Das Christentum wurde der Weinrebe, dem Judentum, aufgepfropft, und das Neue Testament ist nur aus der Kenntnis des Alten Testamentes heraus zu verstehen.

Also, Omi, es sind weitgehende Fortschritte erzielt worden, aber es gibt noch einen langen Weg bis zur beiderseitigen Verständigung, vor allem nach der Schoah.

In deinem Manuskript »Nicht getrennt – neu verbunden« beschreibst du deine religiöse Identität. Hier ist ein Auszug aus diesem Text:

Nicht getrennt – neu verbunden. Ein Denkmal

In meinen jungen Jahren war mir die Konfession[9] so viel. Konfession – nicht Religion! Als Kind schon war mir Religion das zutiefste Erfassen des Lauts der Weltraumstimme und ich wußte, daß diese Weltraumstimme göttlich, einzig und unwandelbar wäre. Ich bin Mischblut, wie man zu sagen pflegt. Mein Vater war Jude gewesen. Ist dieses Erfassen und die Überzeugung eines bildlosen Gottes, die ich immer in mir in festester Verankerung trug, daher rührend, daß die vieltausendjährige Überlieferung immer und immer die Basis oder zumindest ein Teil der Basis ist, auf dem sich das Gottesgefühl aufbaut? Ich hatte also gleichsam die Hälfte meines Seins, das jüdische Erbe ausgebaut, mehr vielleicht, als es möglich schien, und in mir wühlte und zerrte der Wunsch, endlich die Brücke zu den zwei Konfessionen zu finden, von denen die eine ohne die andere nicht bestehen kann, nämlich: die Brücke und endliche Verbindung zwischen Judentum und Christentum. Deshalb bedeutete mir die Konfession, in der ich erzogen wurde, die katholische, so viel!

Es schwebte mir vor, daß man das Judentum als Ursekte in das Christentum für immer einbauen solle, verankern müsse, um einen der bedeutsamsten Fortschritte der Menschheit. Es stach mich im Herzen, wenn ich den Priester mit den Worten des Alten Testaments zum Altare

9 Heute versteht man unter Konfession z. B. eine der christlichen Konfessionen – katholisch oder protestantisch. Du meintest die Religionen Christentum und Judentum.

treten sah, um die Messe zu zelebrieren, die Messe, die niemals ohne die uralte jüdische Sitte des Ostermahles eingesetzt worden wäre.

Die Juden sollen sich nicht zum Christentum »bekehren«, nein, sie können, sollen ihrer Konfession treu bleiben – man würde mit der Bekehrung »die Urzelle« vernichten, nein, das Christentum soll das Judentum einbauen als Ursekte, als Wurzel des herrlichen Baumes, der Blüten und Früchte trägt, von denen die Wurzel nur ahnte und ihr Wachsen, ihre Ausdehnungen niemals für möglich hielt.

5 Jude sein – wer ist ein Jude?

Liebe Omi!

Wie du diese Zeit erlebt hast und trotzdem deine positive Einstellung behalten hast, ist schwer für mich zu verstehen. Wenn ich an etwas gezweifelt habe, war deine Reaktion immer: »Du musst Vertrauen haben, immer Vertrauen.«

Dein Vertrauen in Gott war wahrscheinlich für dich eine Existenzfrage.

Wer ist ein Jude?

Die Halacha

»Nach dem rabbinischen Gesetz, der Halacha, ist heute ein Jude, wer von einer jüdischen Mutter geboren wird oder wer ordnungsgemäß zum Judentum konvertiert. Einige Rabbiner argumentieren außerdem, dass die meisten Kinder in den ersten Jahren von ihren Müttern erzogen werden, besonders was ihre Religion betrifft. Deshalb spielt bei der Entwicklung der Identität eines Kindes die Mutter die wichtigste Rolle und infolgedessen braucht man eine jüdische Mutter, um als Jude geboren zu sein. Für die meisten Juden ist das Kind einer jüdischen Mutter jüdisch, unabhängig von dem späteren Verhalten der Eltern. Die meisten Juden betrachten ein solches Kind selbst dann als jüdisch, wenn die Eltern es nach seiner Geburt taufen ließen. Das Judentum des Kindes ist sein Geburtsrecht, das ihm von seinen Eltern nicht entzogen werden kann.«[10]

Zugehörigkeit zum jüdischen Volk

»Doch für viele Juden spielt die Religion bei der Definition ihres Judentums eine geringe oder überhaupt keine Rolle. Für sie bedeutet das Judentum zuerst und vor allem eine ethnische Bindung (d. h. die Zugehörigkeit zum jüdischen Volk). Auch gewisse Ideen liegen ihnen sehr am Herzen, zum Beispiel Erziehung, die Werte der Familie und Nächstenliebe. Religiöse Überzeugungen sind von untergeordneter Bedeutung. Viele Menschen auf der Welt, die sich in jeder Hinsicht für Juden halten, würden bestreiten, daß sie überhaupt eine Religion haben.«[11]

Omi, ich würde meinen, dass Papi genau diese Ansicht hatte.

Eine Schicksalsgemeinschaft

»... Die jüdische Identität ist für Christen schwer zu fassen. Institutionen wie der CRIF[12] in Frankreich, der Jüdische Europäische Kongreß oder der Jüdische Weltkongreß bezeugen jedoch: Bei allen religiösen, kulturellen, politischen oder ideo-

10 Bryan Rigg, Hitlers jüdische Soldaten, Paderborn 2003, S. 8.
11 Bryan Rigg, Hitlers jüdische Soldaten, Paderborn 2003, S. 7.
12 Conseil Représentatif des Institutions Juives de France, in etwa vergleichbar dem Zentralrat der Juden in Deutschland.

logischen Unterschieden sowie theoretischen Meinungsverschiedenheiten bezüglich ihres Selbstverständnisses gibt es eine Gemeinsamkeit unter den Juden. Sie widersteht sogar jeglicher Kritik und jedem Versuch, eine Distanz herzustellen.

Sie ist an keiner Nationalität, keiner Kultur, keiner Sprache, nicht einmal an der Ausübung einer Religion abzulesen, wiewohl diese in der Tradition eine grundlegende Rolle gespielt hat und noch spielt.

Sie ist das Wahrnehmen einer unauslöschlichen Schicksalsgemeinschaft, die ein gewisses Ideal des menschlichen Lebens einschließt.

Es ist die – selbst vergrabene – Erinnerung an Jahrtausende der Geschichte, in denen Zerstreuung und Verfolgung einen wesentlichen Platz einnehmen, gleichzeitig mit der unzerstörbaren Hoffnung, leben zu müssen.

Es ist schließlich auch das Gefühl einer Pflicht gegenüber dem Leben und der Menschheit.

Solange diese Realität von einem Nicht-Juden – ob Katholik oder nicht – nicht zumindest erahnt wird, wird er seine Beziehungen zur jüdischen Welt schwerlich einordnen können. Das schwierige Verständnis der jüdischen Identität dehnt sich auf gewisse Weise auch auf die Entstehung und die Existenz des Staates Israel aus. Seine Anerkennung – das wissen wir – war ein entscheidender Schritt in der Aufnahme normaler Beziehungen zwischen der katholischen Kirche und der jüdischen Welt.«[13]

13 Kardinal Jean-Marie Lustiger, Die Verheißung, Augsburg 2003, S. 159.

Liebe Omi!

Dadurch dass Großvater Jude war und du Katholikin, bist du viel konfrontiert worden mit der Frage, wohin du gehörst. Vor allem da du ein uneheliches Kind einer Katholikin und eines Juden warst. Um Großvater zu heiraten, bist du 1915 aus der katholischen Kirche ausgetreten und warst konfessionslos. Eigentlich war es dein Plan, dass du zum Judentum konvertierst. Das hattest du der Mutter deines Mannes versprochen. Du schreibst in deinen Erinnerungen »Nicht getrennt – neu verbunden«:

> Wie schwer, o wie schwer wurde mir der Gang zur Kirche, um meinen Austritt anzumelden, und in mir war es so neblig, so trübe, wie draußen an diesem feuchten, traurigen Novembertag. Ich hatte zu beten aufgehört. Die Kammer, in der ER einundzwanzig Jahre gewohnt hat, war leer. Nie, nie hatte mich jener Schmerz verlassen, bis zu jenem Tage, wo ich wieder zurückkehren durfte – in SEIN Haus. Dreiundzwanzig Jahre lang hielt ich mich für einen Eindringling, wenn ich mich in SEINE Wohnung stahl.

Die Familie deines Mannes war über die Eheschließung nicht sehr glücklich, sie kam auch nicht zur Hochzeit ins Rathaus. Ich habe keine Unterlagen finden können, warum du nicht zum Judentum konvertiert bist.

Laut einer Statistik[14] kam damals auf neun rein jüdische Ehen eine Ehe zwischen einem Mitglied der jüdischen Gemeinde und einem/r Konfessionslosen. Dieser Anteil ist nicht

14 Dr. Philomena Leiter, Assimilation, Antisemitismus und NS-Verfolgung. Austritte aus der jüdischen Gemeinde in Wien 1900–1944, Dissertation, S. 43.

so gering, wie er zu sein scheint: Es dürfte sich bei den konfessionslosen Partnern vor allem um Personen ehemals christlicher Konfessionszugehörigkeit handeln, die zwar ein Mitglied der jüdischen Gemeinde heiraten, aber nicht zum Judentum konvertieren wollten (da gehörtest du hin).

Während der NS-Zeit war das nicht nur eine religiöse Frage, die Nazis haben ja ganz absurde Differenzierungen gemacht.

Viktor Klemperer[15] schrieb als Jude am 10. Januar 1939 in sein Tagebuch: »Die Fremdheit zwischen Juden und ›Ariern‹, die Reibung zwischen ihnen war nicht halb so groß wie etwa zwischen Protestanten und Katholiken (…) oder zwischen Ostpreußen etwa und Südbayern (…). Die deutschen Juden waren ein Teil des deutschen Volkes (…). Sie füllten ihren Platz innerhalb des deutschen Lebens aus (…). Sie waren und bleiben (auch wenn sie es jetzt nicht mehr bleiben wollen) Deutsche ...«

Wenn ich zurückdenke an deine Freitag-Nachmittag-Freundinnen-Gruppe, die sich immer um 15.00 Uhr im Café Haag getroffen hat, waren das fast alles Frauen, die in Mischehen lebten und den Krieg mit vielen Opfern überlebten. Edith Flamm, deren Mutter in Theresienstadt umgekommen ist, Emma Tuppy, Maria Steinbach, Tante Jante – eine richtig verschworene Gruppe gegen die ehemaligen Nazis, hatte ich das Gefühl.

15 Auszug aus: Viktor Klemperer, Ich will Zeugnis ablegen bis zum letzten. Tagebücher 1933-1941, Berlin 1995, S. 457.

Das Gedicht »Jesus in Wien« hast du im März 1945 geschrieben. Du hast dich gefragt, wie es Jesus zu dieser Zeit in der Leopoldstadt ergangen wäre.

Jesus in Wien

1. Zu jener Zeit – wir wissen, wann sie war,
es weilt' der Antichrist auf unsrer Erde,
da flüsterte erschreckt die Engelschar,
was wohl Gottvater dazu sagen werde.

2. Seit vielen Wochen schallte kein Gesang
wie sonst durch helle, hohe Himmelsräume;
die Heiligen und Sel'gen knieten bang
vor Gott, daß keiner nur Sein Wort versäume.

3. Und nun – der HERR sah über alle hin
und wandte sich an SEINEN Himmelssohn:
»Du mußt in eine Stadt zur Erde – WIEN –
und heute noch verläßt Du Deinen Thron.

4. Ich sandte einst Dich zu den Menschen aus.
Du starbst am Kreuz für sie, ach, unter Hohn!
Zu wenig! Noch bleibt die Erlösung aus –
Nun nützet nur das Schwerste wohl, mein Sohn!«

5. Gott Vater hielt ein wenig inne jetzt –
die Schar um IHN hielt fast den Atem an.
Und auch ein kleiner Engel, der zuletzt
laut lachte, sah erschreckt den Höchsten an.

6. Und Gottes Stimme zittert, als er sprach:
»Du wirst in jener Stadt als JUDE leben!
Dies ist mein Wunsch und uns wirst Du hernach
von dem, was du erlebtest, Kunde geben!«

7. Herrn Jesus Auge glich der Liebe Meer.
Er neigte sich vor Gott – und rief dann leise
den kleinen, muntern Engel zu sich her
und nahm ihn mit auf seine Erdenreise.

8. Herrn Jesus irdische Gestalt voll Würde
glich nun der eines ältern Israeliten.
Den kleinen Engel – eine liebe Bürde –
glaubt' man als Judenbub gar wohl gelitten.

9. Nun kamen endlich sie in jene Stadt …
die beiden spürten heft'gen Menschenhunger
nach Speise – wie ein Mensch sie eben hat.
HERR Jesus dachte an die einst'gen Wunder.

10. Doch nein – macht eine Ladentür er auf –
»Sind Sie ein Jude?«, frug man barsch. Ermattet
hauchte Jesus: »Ja.« »Bedaure sehr, Verkauf
an Juden ist hier niemals gestattet!«

11. Der kleine Engel weinte ziemlich fest:
»Herr Jesus, ach, mir kracht der Magen!
Wenn Du mich hier auf Erden hungern läßt,
werd' ich's sogleich dem lieben Herrgott sagen!«

12. Die tiefste Milde, nur HERRN Jesus eigen,
umstrahlt den Göttlichen. Es sah der Engel
die Leute mit den Fingern auf ihn zeigen:
»Da schau Dir an den frechen Judenbengel!

13. Ah so was! Statt sich zu verstecken,
da rennen's gar beim hellen Tag herum!
Wenn's nur schon endlich täten ganz verrecken –
damit a Ruah wär' – es ist schon zu dumm!«

14. Gemütlich sprachen so die lieben Wiener
und gingen freundlich lächelnd wieder weiter.
›Heil Hitler‹, grüßten sie, nicht ›G'schamster Diener!‹
Ja, Wien, die Liederstadt bleibt immer heiter.

15. Herr Jesus und der kleine Engel standen
nun vor dem Tor zu einem Speisehaus.
»O«, rief der Kleine, »daß wir endlich landen,
um gütlich uns zu tun an einem Schmaus!«

16. ›Der Eintritt ist den Juden streng verboten.‹
So war's zu lesen dort. Der Engel greinte:
»Ja, leben nur in dieser Stadt Zeloten?«
Er setzte sich auf eine Bank und weinte.

17. Und jetzt ein Polizist stelzt stramm daher:
»Gleich geht's ihr weg! Die Bänk sind nur für Arier.
Und übrigens, haben Sie an Ausweis, Herr?
I kenn' kan Juden, der is a Proletarier!«

18. So schrie der Polizist mit Stimmgewalt.
Und Jesus sprach: »Ich bin ein Mensch, ein müder,
mein Dokument ist meine Menschgestalt,
die Seele und mein Herz sind meine Güter.«

19. »Sie, hörn'S net glei auf mit so g'schwollnen Reden –
Das is nur blöd, das nützt nix, kommen'S mit.
Wenn man die Red'n anhör'n müßt von so an jeden,
das wär was, Sö, nia würd' man da mehr quitt!«

20. Er ging gemächlich durch die Wiener Straßen.
Der kleine Engel hinkte hinterdrein.
Herr Jesus seufzte: »Gott hat mich verlassen!«
Und blutger Schweiß rann ihm ins Aug' hinein.

21. Das nächste Polizeirevier war weit.
Dort steckte man die zwei in eine Zelle.
Der Menschen Elend machte sich dort breit.
Es fiel auf Jesus hin – wie eine Welle.

22. Der kleine Engel mußte mit. Natürlich
ergaben sich daraus viel Schwierigkeiten.
Sein blonder Lockenkopf legt sich possierlich
auf der Verbrecher schmutzig Sitzgelegenheiten.

23. Man stieß ihn jäh herab und schlug ihn heftig,
man trat auf ihn und schrie auf Jesus ein!
»Ist der verdammte Saujud aber kräftig!
In aner Stund' wird er schon anders sein!«

24. HERR Jesus lernte alle Folter kennen,
so wie vor mehr als neunzehnhundert Jahren.
Nein, noch viel schrecklicher mußt er sie nennen,
denn damals hat er sie ganz kurz erfahren.

25. Die zweite Passion begann in Dachau
und endete in Auschwitz. »Zäher Jud«,
sagt der Gestaposcherge: »Nur ganz grau
ist er geworden, sonsten geht's ihm gut.

26. Das ist ein ganz besondrer Fall. Er tut
gar nichts und macht dadurch Revolten,
und einmal hat sogar der blöde Jud
sich eigenmächtig ›Gottes Sohn‹ gescholten!

27. Na wart', jetzt ist's zu End, jetzt wirst Du baden,
ganz sauber wirst Du werden, und der Fratz,
von dem wir endlich wollen Ruhe haben,
wird mit Dir sein, am einzig rechten Platz!«

28. Das Englein hat das Reden fast verlernt,
schaut immer sehnsuchtsvoll nach Jesus hin,
an dessen Liebe er sein Herzchen wärmt,
an dessen Demut er ein Beispiel nimmt.

29. So sind vergangen sieben Menschenjahre,
die auf der Erde beide hier verbrachten.
Die Worte sind zu schwach. Das einzig Wahre:
Unsäglich war die Qual, in der sie schmachten.

30. Sie wurden angespien und getreten,
sie mußten nackt und naß im Froste stehn,
und keiner konnte keinen retten –
sie waren MENSCHEN, nutzlos jedes Flehn!

31. Nun gehen ins Bad sie hin in müdem Trott.
Herr Jesus lächelt alle an und sagt:
»Es ist zu End ... Wir stehen heute noch vor GOTT!
Wir sehn uns wieder dort – seid unverzagt!«

32. Die Menschen um die beiden stehen enge.
Sie wollten niederknien, sie können's nicht.
HERR Jesus segnet hoheitsvoll die Menge.
Die Augen senken sich vor SEINEM Licht.

33. Das Gas rauscht leise zischend durch den Raum.
Betäubt die Märtyrer ... Wie stehn sie weich!
HERR Jesus flüstert noch – man hört es kaum:
»O SEID GESEGNET, FRIEDE SEI MIT EUCH!«

34. Sie sind dahin – sie sind dahin!
Wie Millionen auf dieselbe Weise,
aus allen Erdenländern – auch aus Wien –
und ruhen jetzt vor Gott in weitem Kreise.

35. HERR Jesus saß zu SEINES VATERS RECHTEN,
der kleine Engel lag zu seinen Füßen.
Umhüllt von Himmels wunderbaren Prächten
und HALLELUJA tönt, um all zu grüßen!

36. Gottvater sprach: »Nun hab ich meinen SOHN
zum Opfer noch einmal dahingegeben.
Ihr seid die Zeugen, Ihr vor meinen Thron!
Nun harrt auf Euch ein ewig selig Leben.

37. Die Mahner seid Ihr nun für Immerzeiten.
Gerechtigkeit muß herrschen jetzt auf Erden.
Muß fügen sich in alle Höh'n und Weiten.
Sonst lösch die Menschheit ich und alles Werden!

38. Zum letzten Mal mahn ich die Menschheit
zu LIEBE, DULDSAMKEIT und zum VERSTEHEN.
Unwiderruflich bis in alle Ewigkeit
wird dieses Wort von mir zuletzt bestehen!

Omi, ich liebe dieses Gedicht! Es geht tief in meine Seele ein. Ich kann mir aber vorstellen, dass es für religiöse Juden ein großes Problem darstellt. Vor allem wenn Jesus in der Gaskammer segnet! Mir sind deine Wünsche der Versöhnung schon klar, aber das ist im christlich-jüdischen Gespräch sehr problematisch.

Dein Gedicht spricht deutlich von deiner Sehnsucht, das Judentum in das Christentum zu integrieren. Du siehst das Problem ganz aus deiner christlichen Perspektive und meinst, die unheilvolle Spaltung zwischen Juden und Christen wäre aufgehoben, wenn das Judentum Christus als Messias akzeptieren würde. Dieses Denken rührt aus deiner Zeit und deiner Erziehung – und darüber hätte ich dich gerne noch so viel gefragt.

Heute, nach dem Zweiten Vatikanischen Konzil und nach Nostra Aetate, geht es darum, dass beide Kulturen und Religionen gleichberechtigt nebeneinander stehen. Dafür tue ich das Meine.

Auf dem jüdischen Friedhof bestattete Christen und Konfessionslose zwischen 1941 und 1945

Liebe Omi!

In den letzten Jahren bin ich in ein Projekt involviert, das mir sehr nahe geht. Wenn ich während des Krieges gelebt hätte, würde ich (ab 1935) genauso als Person jüdischer Herkunft gelten und unter die Rassengesetze der Nazis fallen. Wenn ich vor der Gruppe 18K am Tor IV des jüdischen Friedhofs[16] stehe, ist das für mich schwer auszuhalten, denn obwohl ich die Zeit des Krieges nicht erlebt habe, ist meine Herkunft an diesem Ort sehr präsent.

Omi, ich möchte dir dieses Projekt im Detail erklären. Es zeigt, wie es sechzig Jahre nach dem Krieg nötig ist, die Vergangenheit aufzuzeigen, aber auch Lösungen zu finden, aus Respekt für die Verstorbenen. Univ.-Prof. Dr. Gerald Stourzh erzählte bei einem Herzl-Kongress im Jahr 1996, dass an die achthundert Personen, die in Wien zwischen Herbst 1941 und Kriegsende starben, auf dem jüdischen Friedhof begraben sind. Viele dieser Gräber sind verfallen, aber niemand hält sich für zuständig sie wiederherzustellen. Diese Personen fielen unter die Verfügung des Wiener Magistrats aus dem Jahre 1941, wonach die Bestattung von Personen, die nach den Nürnberger Rassengesetzen als »Juden« eingestuft sind, nur mehr auf dem jüdischen Friedhof bei Tor IV des Wiener Zentralfriedhofs erfolgen durfte. Jude im Sinne dieser Verfügung des Magistrats war – unabhängig von der konfessionellen Zugehörigkeit – jeder, der seiner rassischen Abstammung nach im Sinne der Nürnberger Gesetze Jude war oder als Jude zu gelten hatte.

Als Jude galt[17] (»Geltungsjude«), wer von zwei jüdischen Großeltern abstammte, Staatsangehöriger war und außerdem entweder (a) am 16. 9. 1935 der jüdischen Religionsgemeinschaft angehörte oder danach in sie aufgenommen wurde,

16 Am Zentralfriedhof Wien, Tor IV, Gruppe 18K, wurden jene Christen und Konfessionslose beerdigt, die in den Augen der Nazis als Juden galten.

17 Anm. von em. o. Univ.-Prof. Dr. Gerald Stourzh: Siehe auch Egbert Mannlicher, Wegweiser durch die Verwaltung unter besonderer Berücksichtigung der Verwaltung im Reichsgau Wien, Berlin, Dt. Rechtsverlag 1942, S. 208.

oder (b) am 16. 9. 1935 mit einem Juden verheiratet war (außer die Ehe war damals von Tisch und Bett geschieden bzw. getrennt und seither war keine Wiedervereinigung erfolgt) oder sich danach mit einem Juden verheiratete, oder (c) aus einer Ehe mit einem »Dreiviertel-« oder »Volljuden« stammte, die nach dem 17. 9. 1935 geschlossen wurde, oder (d) aus dem außerehelichen Verkehr mit einem »Dreiviertel-« oder »Volljuden« stammte und nach dem 31. 7. 1936 außerehelich geboren wurde.

Bei Mischehen wurde zwischen »privilegierten« und »nichtprivilegierten« Mischehen unterschieden. Bei »privilegierten« Mischehen war der jüdische Ehepartner (nicht im konfessionellen Sinne, sondern im Sinne der Nürnberger Gesetze) vom Tragen des Judensterns dispensiert und konnte auch ohne schriftliche Erlaubnis der Behörde den Bereich seiner Wohngemeinde verlassen. Diese Bevorzugung galt für den in einer Mischehe lebenden jüdischen Ehegatten, sofern Nachkommen aus der Ehe vorhanden waren und diese nicht als Juden galten (und zwar auch dann, wenn die Ehe nicht mehr bestand oder der einzige Sohn im Zweiten Weltkrieg gefallen war), sowie für die jüdische Ehefrau bei kinderloser Mischehe während der Dauer der Ehe.

Omi, deine Ehe war nicht privilegiert, weil deine Tochter bei der Geburt in der Israelitischen Kultusgemeinde eingetragen war, jüdischen Religionsunterricht hatte und erst am 22. März 1938 aus der Kultusgemeinde ausgetreten ist. Außerdem weil sie geflüchtet ist und daher als »Geltungsjüdin« nach NS-Gesetz betrachtet wurde.

Die bestatteten Personen am Zentralfriedhof, Tor IV, waren Christen oder Konfessionslose aus den verschiedensten Gründen, z. B.:
Sie beabsichtigten die Eheschließung mit einem Christen oder sie waren zum Christentum konvertiert, um:
- im öffentlichen Dienst Karriere zu machen, oder
- in der Hoffnung, nicht unter die Rassengesetze zu fallen (wie deine Tochter Lisl, meine Mutter), oder
- aus religiösen Gründen.

Die oben erwähnte Verfügung erging im September 1941, knapp nach der Einführung der Kennzeichnungspflicht (sog. Judenstern) für die nach den NS-Rassengesetzen als »Juden« eingestuften Personen und knapp vor der Wiederaufnahme der Deportationen im Oktober 1941.

Viele der Bestatteten haben sich das Leben genommen, weil die Lage aussichtslos war. Mehr als die Hälfte der über achthundert Personen war römisch-katholisch, jeweils mehr als zwanzig Prozent evangelisch und konfessionslos, vierzehn Personen altkatholisch, eine anglikanisch, zwei griechisch-orthodox, eine griechisch-katholisch.[18]

Die im Dezember 1940 eingerichtete »Erzbischöfliche Hilfsstelle für nichtarische Katholiken« im Erzbischöflichen Palais in der Rotenturmstraße 2 sorgte gegebenenfalls für eine katholische Einsegnung und leistete im Bedarfsfall finanzielle Unterstützung bei der Beerdigung.

Viele der Gräber sind im Laufe der Jahre verfallen oder wurden während des Krieges durch Bomben zerstört. Unge-

18 Die Zahlenangaben basieren auf der von Dr. Philomena Leiter erstellten Datenbank.

Grabstein am Jüdischen Friedhof, Wiener Zentralfriedhof, Tor IV

fähr 150 Gräber waren in den Neunzigerjahren noch sichtbar, viele mit einem Kreuz. Ein Grab mit einem Kreuz und dem Davidstern! Prof. Stourzh hatte seit einiger Zeit versucht, für die Sanierung der Gräber eine Unterstützung zu bekommen, aber ergebnislos.[19]

Ein Projektteam, bestehend aus Dr. Philomena Leiter (die u. a. eine Dissertation zum Thema schrieb), Univ.-Prof. Dr. Gerald Stourzh und mir im Rahmen des Koordinierungsausschusses für christlich-jüdische Zusammenarbeit, hat vier Jahre daran gearbeitet. Im Laufe des Jahres 2005 wurde die Sanierung aller betroffenen Gräber abgeschlossen, teils durch öffentliche Gelder, teils durch private Spenden.

Schon am 11. November 2003 wurde in Anwesenheit von jüdischen und christlichen Würdenträgern ein Gedenkstein enthüllt. Der Text auf dem Gedenkstein schließt mit folgendem Satz:

»Alle hier Bestatteten gehören der Leidensgemeinschaft religiös getrennter, im Sterben vereinter Opfer des nationalsozialistischen Rassenwahns an. Sie mögen in Frieden ruhen!«

Omi, wenn ich solche Projekte mitgestalte, ist mir klar, wie wichtig meine Identität als Christin jüdischer Herkunft ist!

19 Dr. Philomena Leiter, Auszüge aus dem »Totenbuch der in Wien in den Jahren 1941–1945 auf dem jüdischen Friedhof bestatteten Christen und Konfessionslosen«.

6 Verdrängen und Widerstand

Immer wieder bin ich bei meinen Vorträgen mit dem Satz konfrontiert: »Wir haben das alles nicht gewusst, wir hatten Angst, ihr habt es leicht darüber zu reden ...« Ich sage dann immer: »Ich glaube nicht an eine kollektive Schuld, aber ich glaube an eine kollektive Verantwortung und ans NICHT-VERGESSEN.« Wegschauen, nur nicht einmischen und nicht auffallen ist für viele die Devise.

Die ersten Juden sind laut deinem Tagebuch weggeführt worden und niemand kam zurück. Ein KZ-Überlebender erzählte mir, dass Lastautos voller Personen, Juden, durch die Ungargasse zum Aspangbahnhof im 3. Bezirk gefahren seien. Hat das denn niemand gesehen und hat niemand die Schreie gehört? Und wenn, warum haben sie geschwiegen?

Ich höre auch immer, Widerstand sei unmöglich gewesen. Doch gab es z. B. in Berlin in der Rosenstraße beträchtlichen Widerstand der Frauen, deren jüdische Männer inhaftiert wurden und nach Auschwitz gebracht werden sollten. Angesichts der Proteste ihrer Frauen hatten die Nazis Angst vor allzu öffentlichem Aufsehen und haben die Männer nach vielen Tagen der Demonstrationen nach Hause geschickt.

Was wäre beispielsweise passiert, wenn sich viele Christen

in Österreich den Judenstern aus Protest angenäht hätten?

Die Nürnberger Gesetze haben nicht darauf Rücksicht genommen, ob jemand religiös war oder nicht. Das ist etwas, worüber ich so gerne mit dir diskutiert hätte. In deinem Manuskript »Stärker als der Tod ist die Liebe. Nicht getrennt – neu verbunden« schreibst du, dass dein Mann ein nicht religiöser Jude war. Aber er legte sehr viel Wert darauf, dass meine Mutter, eure Tochter Lisl, eine jüdische Erziehung bekam und Hebräisch lernte. War das nur eine Frage der jüdischen Identität? Ihr habt ja keinen jüdischen Haushalt geführt und anscheinend auch keine jüdischen Feste gefeiert, und ihr seid nicht in die Synagoge gegangen. Wenn ich dich im Manuskript richtig interpretiere, hat deine Schwiegermutter deinen Austritt aus der Kirche zur Bedingung gemacht, dass du Ignaz heiraten konntest. Sie hat auch die jüdische Erziehung eures Kindes verlangt.

In April 1938, beim Einmarsch Hitlers, bist du wieder in die römisch-katholische Kirche eingetreten, um als Christin zu gelten und nicht als Konfessionslose. Eine Frage des Überlebens, vor allem als Schutz für Großvater. Du bist ihm all diese Jahre im jüdischen Ghetto in der Schiffgasse, Haidgasse und Sandwirtgasse treu geblieben. Viele Menschen, auch die Gestapo-Leute, haben versucht dich zu überreden, dich scheiden zu lassen, aber du bist stark geblieben.

Ich werde bei meinen Referaten immer wieder mit dem Problem der antisemitischen Tendenzen in Österreich konfrontiert, am Land genauso wie in Wien. Leider ist es vielen Menschen gar nicht bewusst, dass sie eine Aussage machen, die antisemitisch ist. Einmal sagte mir jemand, er schätze Viktor

Frankl so, weil er ein Jude ist, der für die Versöhnung spricht. Frankl sagte, es gibt nur zwei Arten von Menschen, anständige und unanständige. Und es sei nur die Frage, ob man anständig sein kann, wenn man das Nazi-Regime unterstützt. Omi, du hast ja viele Jahre mit Frankl korrespondiert ...

Für mich ist es eine Frage der »political correctness«, dass Personen wie Bundesrat Kampl mit seinem Ausspruch, dass Deserteure Kameradenmörder seien, und noch mehr Bundesrat John Gudenus zurücktreten – ohne lange Medienkampagnen. Monatelang wurde über die Aufhebung der Immunität des Bundesratsmitglieds John Gudenus[20] diskutiert. Hier nur einige seiner Aussagen: (1) Er hat die Existenz von Gaskammern relativiert; (2) er hat gesagt, dass es Gaskammern gegeben habe, aber nicht im Dritten Reich, sondern in Polen; (3) bei einer Fotoausstellung im ehemaligen KZ Mauthausen merkte er an, dass jugendliche Häftlinge auf einem Bild »eigentlich ganz gut aussähen«, er selbst sähe schlechter aus ...

Solche Aussagen sind inakzeptabel! Was hättest du, Omi, dazu gesagt?

Viele Menschen sind Juden gegenüber auch heute noch unsensibel. Vor ein paar Tagen sagte jemand zu mir: »Deine Großeltern waren ja keine Österreicher.« »Wieso?«, fragte ich. Antwort: »Sie waren doch Juden.« Dasselbe Problem haben aber auch die Roma und Sinti. Beim Mordanschlag im Burgenland vor einigen Jahren[21], wo vier Roma umgekommen sind, ist nie das Wort »Österreicher« gefallen. Dabei lebten sie ihr Leben lang hier.

20 Ende April 2005.

21 Oberwart, 4. Februar 1995.

Widerstand

Das ist ein Thema, mit dem ich mir vor allem in Österreich schwer tue. »Wenn wir Widerstand geleistet hätten, wären wir nicht am Leben«, höre ich immer wieder. Aber es gibt Menschen, die es gewagt haben Widerstand zu leisten, langsam werden sie anerkannt. Trotzdem ist es noch immer nicht möglich, eine offizielle Anerkennung z. B. der Jahre für die Pension zu erwirken. Es ist, wie es Terezija Stoisits[22] formuliert, nicht akzeptabel, dass »im Unterschied zur Waffen-SS laut parlamentarischer Anfragebeantwortung des Sozialministers in Österreich gilt: Zeiten einer wegen Desertion verhängten Haft in Gefängnissen, Wehrmachtsstraf- oder Konzentrationslagern können grundsätzlich nicht als Ersatzzeiten in der österreichischen Pensionsversicherung angerechnet werden«. Erst seit Mai 2005 werden diese Zeiten anerkannt. Ich muss leider sagen, dass Österreich ein gestörtes Verhältnis zu diesem Thema hat. Zivilcourage wird als etwas angesehen, das negativ behaftet ist. Es gab auch in kirchlichen Kreisen Personen, die Widerstand geleistet haben, aber wenige wurden von der Kirche unterstützt oder nachher gewürdigt.

Omi, in »Die Leopoldstadt unter Hitler« schreibst du, dass hundert Prozent der Wiener Katholiken »antinazi« waren. Ich glaube nicht, dass das wirklich stimmt, wenn ich an die Gespräche denke, die ich in den letzten Jahren mit Zeitzeugen geführt habe. Und auf den Gedenksteinen in den Pfarren sind zwar die im Kampf gefallenen Soldaten angeführt, aber sehr selten diejenigen, die im Widerstand waren.

22 Terezija Stoisits, Abgeordnete und Minderheitensprecherin der Grünen im Parlament, in: Der Standard, Tageszeitung vom 12./13. Februar 2005.

7 Identität meiner Eltern

Liebe Omi!

Stell dir vor, in Muttis Haus am Dachboden, in der Salesianergasse in Wien, waren Briefe, die du vom Krieg her aufgehoben hattest: Die Briefe von Mutti an euch und auch die Briefe von Papi an Ragnhild (seine Pflegemutter in Dänemark). Ich schätze, es sind an die tausend Seiten. Gott sei Dank ist das meiste mit Maschine geschrieben. Einige sind durch die Zensur der Nazis und der Alliierten gekommen. Manches war umgeschrieben, um die Nazis zu verwirren, z. B. finden sich in den Briefen positive Aussagen über den Krieg. Vieles habe ich durch diese Briefe gelernt, was ich noch nicht wusste! Da Mutti und Papi sich in Manila kennen gelernt haben, hast du, Omi, erst im Laufe der Zeit etwas über meinen Vater erfahren. Für mich sind diese Briefe sehr wichtig, denn sie geben Auskunft über die jüdische Identität meiner Eltern.

Jüdische Identität meines Vaters

Im Juli 1939 schrieb mein Vater einen Brief an Ragnhild (seine Pflegemutter), nachdem er vom Tod seines Vaters erfahren hatte:

> Ich habe versucht zu beten, etwas worüber ich vor kurzem noch ganz andere Gedanken gehabt hätte, aber es hat mir keinen Trost gebracht, ich habe die Vorschriften einer Religion, die mir längst nicht einmal mehr liebe Gewohnheit war, befolgt, die frommen Juden glauben daran, daß es Frieden im Jenseits gebe, wenn ein Sohn für den Vater die Totengebete (Kaddisch) sagt, ich weiß nichts mehr.
>
> Den letzten Brief erhielt ich in New York, er war vom 2. Juni datiert und zuversichtlich und gefaßt. Papa schrieb, daß er nun für Amerika und auch für Palästina ansuchen wolle, und er sprach auch davon, daß er trotz der Verbotstafeln noch immer in den Wäldern um Wien, die er so lieb gehabt habe, herumgehe, da ja nur Gott einem das, was ihm gehöre, verbieten könne – nun ist es also der Fall.

Im Jänner 1941, nach seiner Hochzeit mit Lisl Lindenberg, schrieb Vater an dich, Omi, um sich vorzustellen:

> Nun will ich vor allem einige Fragen beantworten. Vor allem wegen der Religion. Ich bin Jude und habe nicht die Absicht, daran etwas zu ändern. Dies ist für mich nicht so sehr eine Frage der religiösen Überzeugung, in der Beziehung hat man es ja heute mehr denn je nicht leicht, sondern der Pietät; wenn etwas für meine Eltern durch viele

Generationen gut genug war, dann würde es auch für mich gut genug sein, und Verfolgungen können für einen anständigen Menschen allein nie der Grund sein, »sich zu verändern«, am allerwenigsten wenn es den Anschein haben könnte, als ob es gewisser Vorteile wegen geschehen würde. Dasselbe gilt für meine Brüder.

Mein Großvater war ein richtiger Schulmann der alten Schule, mit goldener Uhrkette und weißem Bart, und wir Kinder haben einen Heidenrespekt vor ihm gehabt. Ich bin ihm für vieles, was ich gelernt habe, zu Dank verpflichtet. Wir gingen immer am Freitagabend mit ihm in den Tempel, er war sehr fromm, aber auf eine ganz andere Weise, als es meist der Fall ist, wozu wahrscheinlich beigetragen haben mag, daß er ein guter Freund vom Lueger war, was er nie vergessen konnte.

Weiters schrieb er in seinen Memoiren »Aus meinem Leben«:

Ich hatte eine große Familie: Vater hatte neunzehn Geschwister. Sie alle waren bewußte und nationale Österreicher. Unsere Familie war voll assimiliert. Es ist heute müßig darüber zu diskutieren, ob das gut oder schlecht war, aber es war jedenfalls eine Tatsache. Jeder hatte seinen Militärdienst absolviert und war stolz darauf. Mein Vater war Stabsarzt, und ich kann mich noch an seine verschiedenen Medaillen erinnern. Alle vertrauten dem Staat als volle Garantie der Rechtssicherheit. Gleichzeitig waren die Mitglieder der älteren Generation gläubige Juden; es gehörte zum Standard, daß man seinen Tempelsitz, womöglich in der Seitenstettengasse oder in der Tempelgasse, hatte, und die

> Kinder wurden – nicht immer zu ihrer Begeisterung – an den hohen Feiertagen und oft auch am Freitagabend zum Gottesdienst mitgenommen. Vielleicht trug dies dazu bei, die religiöse Begeisterung einigermaßen zu dämpfen. Man war »stolz darauf, Jude zu sein«, und nur die jüdischen Komiker setzten hinzu: »Das Gegenteil würde ja auch nichts helfen.«

Als mein Vater im Sterben lag, lagen Maskir-Bücherln, Gebete für das Seelenheil der Hingeschiedenen, in seinem Bett. Ich interpretiere das so: Er hatte eine jüdische Identität, aber er war nicht praktizierender Jude und ging sehr selten in die Synagoge. In seiner Bibliothek habe ich jüdische Gebetsbücher von den Feiertagen gefunden, religiöse Gefühle hat er uns nicht weitergeben. Selbstverständlich war für ihn die Situation nicht einfach. In einem Brief vom 4. Juli 1946 schrieb er:

> Vielleicht überlegen wir es uns auch und kommen nach Europa, woran ich aber eigentlich zweifle. Ich habe gar kein Bedürfnis Wien wieder zu sehen, so sehr ich das Land und die Stadt auch liebe, wir haben zu viel von den Nazis zu leiden gehabt und ich werde nie vergessen können, wie viele von unserer Familie ruchlos ermordet worden sind.

Religiöse Identität meiner Mutter

Es gibt einen Brief aus dem Jahr 1949 von Mutti an dich, Omi, in dem sie schreibt, warum sie sich entschieden hat, uns in die Union Church von Manila »einzuführen« (geschrieben mit amerikanischer Schreibmaschine, die keine Umlaute besitzt):

4. Maerz 1949

Liebste Mutter zum Geburtstag!

Diesmal schreibe ich Dir einen ganz besonderen Brief, den Du sicher mit viel Freude im Herzen empfangen wirst. Wir alle wuenschen Dir alles Liebe und Schoene, vor allem ein baldiges Wiedersehen, das nur Gott geben kann. Und ich will Dir ein Gestaendnis machen; auch ich habe einen naeheren Kontakt zu Gott bekommen, auch ich bin sehr glaeubig geworden. Ich bin sogar noch weiter gegangen und ich erziehe auch die Kinder im tiefen Glauben zu Gott. Wir haben uns so lange den Kopf zerbrochen ueber die Frage, haben es hinausgeschoben, aber als Helen in die Schule zu gehen anfing, wurde es sehr aktuell. Nun, was sollten wir den Kindern geben? Ich nahm mir vor, unparteiisch zu sein, besuchte alle Kirchen, Tempel, Konfessionen, versuchte das herauszufinden, von dem die Kinder am meisten profitieren koennen. Also zuerst kam die juedische Religion, die sicher die schoenste, beste ist, doch der Rabbiner und der Unterricht, die ganze Einstellung hier, ist so kalt, hat dem Kind kaum etwas zu geben. Dann sah ich mir die katholische Gemeinschaft an, auch diese Religion hat ja so viel zu geben, doch fuer die Kinder derzeit gibt es kaum eine Gemeinschaft, da ja nur Philippiner hier Katholiken sind, nur wenige Weiße. Doch da fand ich etwas, was mir ungeheuer zusagte und zu dem ich gehoeren wuerde wollen, wenn ich ein Kind waere. Das ist die Union Church. Es ist keine besondere Konfession, sondern alle Konfessionen koennen dort hingehen, man wuerde es vielleicht eher unter die protestantische Kirche rechnen, doch auch alle anderen Konfessionen koennen dort dazugehoeren. Vor allem ist dort eine Sunday School, eine Art religioeser Unterricht fuer Kinder verschiedener Konfessionen. Das Motto ist: »Wir sind eine freundliche Gemeinschaft und wir lieben alle.« Die Kinder sind sehr begeistert, alle ihre Kolleginnen in der Schule gehen dort hin, manchmal gibt es Gemeinschaftsabende, da gehen wir auch mit, da bringt jeder Essen und alle zeigen einen besonderen Spirit von Naechstenliebe und Gefaelligkeit. Da bekommen sie ein Leaflet und die lese ich ihnen am Abend vor. Das ist die aergste Strafe, wenn ich es nicht tue, – dann lesen wir die Bibel zusammen, die haben wir von Susie bekommen, die sehr religious ist im allerbesten Sinn. Ich glaube, das macht die Kinder am gluecklichsten, und das ist doch am wichtigsten. Diese Union Church verpflichtet nicht, doch gibt es den Kindern eine religioese Wurzel und sie lieben es. Sie beten jeden Abend und darin seid ihr natuerlich auch eingeschlossen. Wir beten »Muede bin ich geh zur Ruh« (auf Deutsch, das sie nicht verstehen) und dann danken wir fuer das, was am Tage schoen war, und ich spreche ein individuelles Gebet vor. Auch ich lese die Bibel mit viel Freude. Vor allem glaube auch ich an eine goettliche Gerechtigkeit, ich habe den wahren Sinn der Bescheidenheit gelernt, Naechstenliebe und geben, wo man helfen kann. – Die Kinder haben ein erstaunlich offenes Herz fuer religioese Gedanken und haben zum Beispiel die Bibel viel lieber wie alle Maerchenbuecher. Ich habe meine pantheistische Weltanschauung zu einer mehr abstrahierten deistischen entwickelt: Die Lehren dieser Union

Meine Mutter, Manila 1941

Church sind verhaeltnismaeßig auch sehr pantheistisch – Gott ist in allem – und werden den Kindern immer wieder eingepraegt. Vor allem fuehle ich mich nicht mehr abgesondert vom All, sondern bin ein kleiner Teil davon geworden, und auch ich hoere die Stimme Gottes. Ich bete jeden Abend und halte meine Abrechnung, das heißt, was ich Schlechtes oder Gutes getan habe, doch erwarte ich nie Belohnung, noch nehme ich etwas uebel, ich rechne nur mit mir ab. Vor allem denke ich darueber nach, was ich eigentlich will. Das ist ja eigentlich das Wesen des Gebetes ...

Ich habe lange darueber nachgedacht, Hans und ich wollten eigentlich die Kinder im juedischen Glauben erziehen, vor allem, da wir eben verfolgt wurden, doch fand ich die Religion irgendwie großartig fuer einen Philosophen, doch konnte ich es den Kindern nicht nahe bringen. Außerdem wollte Hans, daß sich die Kinder irgendwo hingehoerig fuehlen sollen, und irgendwie wuerden sie sich kaum dazu gehoerig fuehlen, wir haben das ja auch mit den Kindern natuerlich besprochen. Wie gesagt soll die Sonntagskirche ja nur eine Einfuehrung sein und keine konfessionelle Erklaerung, sie sind nirgends eingeschrieben und koennen dann mit 14 Jahren immer waehlen, was sie wollen. Ich habe wenigstens ein reines Gewissen und glaube und hoffe das Beste fuer die Kinder getan zu haben. Ich fand aber vor allem eine andere interessante Sache: wirklich religioese Menschen sind immer gut, wertvoll, positiv. Ich fand, daß alle die Menschen, die ich gerne habe, sehr religioes sind, weil die, die nichts in sich haben, selten gut oder positiv sind. Mrs. Day, Susie, Gomez sind tief religioes und sie stehen mir am naechsten. Sie reden nie davon, aber sie haben es in sich und sie stroemen etwas aus, was mich sehr anzieht.

Nun wuenschen wir Dir alle das Allerschoenste zum Geburtstag und hoffen, daß Du ihn mit viel Freuden und Glueck verbringst.

Das wuenscht Dir Deine Tochter
Lisl

Meine Mutter hatte eine unbeschreibliche Einstellung zum Leben, voll von Harmonie, und sie pflegte immer eine positive Sicht der Dinge. Dies obwohl sie wie viele andere als Vertriebene auch im Exil weitere Verfolgung erleiden musste.

Die Erzählung »Die Hölle von Manila« haben wir einige Jahre nach ihrem Tod gefunden. Der Aufsatz beschreibt die letzten Tage des Krieges in Manila und die Behandlung durch die Japaner. Der japanisch-amerikanische Krieg begann am 7. Dezember 1941, griff 1942 auf die Philippinen über und endete im Februar 1945.

Meine Mutter hat nie über dieses Ereignis gesprochen. Im Text bin ich das fünf Monate alte Baby, meine Schwester Helen ist die Dreijährige.

Die Hölle von Manila

Es ist 5 Uhr morgens am 7. Februar 1945. Mein fünf Monate altes Baby trinkt und schläft ein an meiner Brust und sein warmer, weicher Körper beglückt mich.

Meine Augen blicken zum Fenster hinaus und all mein Glück ist weg. Überall, wohin ich sehe, ist der Himmel in

Flammen, getaucht in purpurne Röte! Die Hölle scheint losgelassen!

Nun sind wir hier mehr als 4 Wochen in unseren Mauern eingeschlossen. Barrikaden, Landminen und andere starke Befestigungswerke machen es unmöglich, die Wohnung zu verlassen. – Alles ist noch ruhig, zu ruhig für unsere gequälten Nerven, nur der Himmel schreit in roten und orangefarbigen Farben.

Wo sind die Amerikaner? Was geht vor, was geht in Manila vor? Vergangene Nacht hörten wir im Norden Artilleriefeuer, aber im Süden war vom Kampfe nichts zu hören. Abends kam ein japanischer Soldat und bat um Nahrungsmittel. Er schien von seiner Truppe abgeschnitten zu sein.

Kein Kind war schlafen gegangen und ich sah mich zum hundertsten Male nach allen Seiten um. Der ungeheuere Rucksack mit den wichtigsten Dingen für die Kinder steht zu meiner Rechten, der andere Sack mit Wäsche, Medizin und Kondensmilch zu meiner Linken. Seit drei Monaten schlief ich, in den Kleidern einen Beutel mit Geld und ein Säckchen mit meinem Schmuck um den Nacken gebunden. Der große Rucksack mit den wichtigsten Dingen stand zunächst neben meinem Bette. Viele Nächte hatten wir uns so in unserem Betten herumgewälzt, wartend und wartend, aufschreckend bei jedem Geräusch. – Plötzlich bellt ein Hund, dann fällt ein Schuß, alles ist wieder still. Nun hört man flüstern und im nächsten Augenblick schießen hohe, gelbe Flammen aus der Ecke des Speisezimmers. Ich schreie: Feuer, Feuer packe mein Baby, schultere meinen Rucksack und entfliehe. Mein Gatte nahm das ältere Mädchen, seinen Rucksack und Gepäck und folgt mir.

Bang, Bang, Bang! Die Japaner schießen durchs Fenster. Ich schaue entsetzt zurück, mein Mann ist neben mir. Wir schauen uns verzweifelt an und blicken auf unsere Kinder. Nur Gott kann uns schützen! Ich versuche, den Garten zu erreichen, aber die [Japaner][23] treiben uns zurück in die Flammen! Es wird immer heißer und heißer, die verzerrten Gesichter der Japaner sind vom Feuer grell beleuchtet. Ich halte ihnen mein Baby entgegen, aber die [Japaner] scheren sich nicht darum. Mein dreijähriges Mädchen [Helen] zittert vor Furcht und bittet, wir mögen hinausgehen. Aber die [Japaner] grinsen uns nur an! Sollen wir also lebendig verbrennen? Ich begann für unser Leben bei dem Allmächtigen zu bitten, nicht zum katholischen, jüdischen oder protestantischen Gott, betete ich, sondern zu der echten, wirklichen Naturgewalt. Ich fühlte mich klein und es schien überheblich, um sein Leben zu bitten, wo tausende Menschen in diesem Momente um etwas bitten. Doch diese Macht gibt Leben, Schönheit, Freude und tut ihr Bestes für alle …

Ich dachte, es sei unser Ende. Ich habe immer ein glückliches Leben gehabt, habe jede Minute meines Lebens ausgenützt und darf mich nicht beklagen. Ich tat immer nur mein Bestes und wenn uns das Schicksal alle am Leben ließe, mußte ein Wunder geschehen. Doch schrie ein Japaner einige Male »Wah, wah,wah«, wie ein Hund und wir konnten ins Freie. Wir liefen nun, so rasch wir konnten, in unseren Schutzraum, einige Meter neben unserem Hause. Es war höchste Zeit, denn die Flammen haben unsere Klei-

23 Meine Mutter verwendete in ihrer Abscheu heftigere Begriffe.

der erreicht. – Unser Gepäck hatten wir bei uns. Unsere Habe im Hause zu retten, war nicht möglich, wir waren glücklich, mit dem nackten Leben davongekommen zu sein.

Im Schutzraum waren schon viele Leute, erschreckt durch die Japaner und das Feuer, wir waren in einem Durcheinander von verschiedenen Leuten, mitten in einem großen Garten. Das Feuer ergriff ein Haus nach dem anderen. Die Luft wurde immer dünner und dünner und die Hitze unerträglich. Die Kinder schrien und ringsum hörte man beten. Da brüllten die Japaner »Cura, cura« was offenbar heißen sollte: Hinaus, hinaus«. Es klang bestialisch, nicht mehr wie von Menschenstimmen. Nun drängten sie uns aus dem Raum und jagten uns gegen eine Mauer.

Das brennende Haus warf ein grelles Licht auf die Umgebung und die zahllosen kostbaren Bücher, die wir hatten, nährten das Feuer. Ich war erstaunt, so ruhig zu sein, als ich die Schönheit der Flammen bewunderte.

Von Hitlers Tyrannei geflüchtet, habe ich das schöne Wien, meine Eltern, mein Eigentum verlassen, ein neues Leben begonnen, einen braven Mann geheiratet, habe zwei Kinder und wir waren im Begriff ein neues Haus zu bauen. Nun ist alles dahin – in vier Stunden Flammen aufgegangen. Da brannte eine herrliche Sammlung alter Bücher aus dem 16. und 17. Jahrhundert, tausende Gravuren und Stiche, die mein Gatte unter großen Mühen und Kosten gesammelt, auch eine Kassette, enthaltend alle Dokumente, Diplome – alles wurde ein Raub der Flammen, Lieder und Noten, sowie Fotos, aber für mich war mein Werk über die philippinische Flora, mit mehr als 300 Aquarellen, die

Frucht meiner 2 ½ jährigen Arbeit. Wehmütig denke ich an alle die Sachen, die ich gehäkelt und gestrickt hatte, an die große Mühe, die ich mit meinem Garten und Blumentöpfen hatte. … Aber nicht der Verlust von all dem machte mich weinen, sondern der Gedanke, daß die ganze Welt in Flammen stand und alle Vorkriegserziehung, Demokratie etc. war für nichts. ... Ich bin im Jahre 1915 geboren, meine zwei Kinder wurden inmitten des zweiten Weltkrieges geboren, sollten meine Enkelkinder am Ende gar in einem dritten Kriege das Licht dieser Welt erblicken? – Ich schaute auf mein Baby. Es war erwacht und lächelte vor dem brennenden Hause. Seine Finger hielten mich fest. Jawohl, es lachte. Das Lebensglück kann durch das Feuer nicht vermindert werden.

Ich hatte schon einmal alles verloren, das zweite Mal ertrug ich es leichter. Nicht Besitz macht glücklich, sondern das feste Zusammenhalten. Das kann auch kein Japaner zunichte machen, sofern er dich am Leben läßt, so dachte ich mir. Doch es schien nicht, als ob wir durchkommen würden. Wir wurden alle entlang der Mauer aufgestellt. Die Japaner wurden immer aufgeregter, man konnte sehen, welche Freude sie über Feuer und Zerstörung empfanden! – Nun kamen sie heran, rauchend, laut lachend, mit den Bajonetten herumfuchtelnd, die jungen Bananenpflänzchen im Garten vernichtend, vor Lust grinsend, wie Teufel. Sie untersuchten uns und nahmen die paar wertvollen Dinge, die wir noch hatten, Kameras, Uhren etc. ...

Unter uns ist ein altes, englisches Paar, welches vom St. Thomas K.Z. [Lager der Japaner für Nichtalliierte] befreit wurde, ihrer Krankheit halber. Sie sind weggeführt worden und waren nicht mehr zu sehen. – Während wir warteten, erschossen zu werden, kam ein Freund von dem Nachbarhaus, um uns zu helfen, als er sah, daß unser Haus brannte. Die Japaner schossen einige Male auf ihn. Die Japaner schienen ein Vergnügen zu haben an der Furcht, die sie uns einjagten, und ließen uns warten, blickten uns mit haßerfülltem, sardonischem Grinsen an.

Von der Straße her kam ein Offizier mit etlichen englischen Sprachkenntnissen und er versuchte uns zu erklären, daß sie uns für russische Spione hielten aus dem Guerillahauptquartier. Es war eben ein – Irrtum.

Sie machten uns Zeichen, daß sie uns herauslassen aus der Falle, aber wir hatten nicht den Mut auf die Straße zu gehen, wo wir keinen Schutz hätten. Endlich ließen sie uns stehen und wir konnten frei atmen …

Unser Haus brannte noch immer und die Sonne schien heiß. Ich sah gegen den Himmel, die Teile des Gartens, welche nicht verbrannt waren, und ich fühlte mich leicht und wie erwachend aus einem bösen Traum. Natur und alles hatte ich in meinem Innern und niemand konnte es mir nehmen, weder Hitler noch die Japaner. – Ich wollte alles und alle umarmen. Ich bin noch am Leben und alle meine Lieben. Nun – ich bin auf einmal in der Welt des Krieges. Ich bin eine von den zahllosen Flüchtlingen in dieser verrückten Welt. Unser Haus wird ein offenes Obdach sein, luftig und wir werden leben wie unsere Vorfahren vor tausenden von Jahren. Mein Gatte und ich betrachteten unsere geringe Habe.

Jeder kleine Gegenstand bedeutet nun so viel für uns. Unsere Lippen sind trocken und unsere Mägen sind leer.

Instruction to Holder:

This Consular Identity Card should be returned to the Department of Foreign Affairs, whenever Holder terminates his official mission in the Philippines.

In case of loss please report immediately to Department of Foreign Affairs, place, date and other circumstances regarding the loss.

REPUBLIC OF THE PHILIPPINES
Department of Foreign Affairs

REPUBLIC OF THE PHILIPPINES

CONSULAR
IDENTITY CARD

No. 262

REPUBLIC OF THE PHILIPPINES
Department of Foreign Affairs

This is to certify that
Dr. Monica Lise Steiner
whose photograph and signature appear on the right side is the wife of Mr. H. Steiner, Consul a.h.
of Austria
in the Philippines.

All authorities of the Republic of the Philippines are requested to respect the consular status of the holder and to extend to him appropriate courtesies.

In witness whereof, I hereby set my hand and affix the Seal of the Department at Manila, this 19th *day of* May 1959

for the
SECRETARY OF FOREIGN AFFAIRS

Identitätsausweis meiner Mutter aus dem Jahr 1959

Wir sind glücklich, daß wir in unserem Garten sein können, wo es noch viele nützliche Dinge gibt. Ein hohler Baum schien wie ein Wasserbehälter, die Flüssigkeit war wohl schmutzigbraun, aber wir waren glücklich, sie zu haben. Wenn man das Wasser durch ein Tuch filtriert, ist es klar. Mein dreijähriges Mädchen will nun ihr Frühstück, und wir sind neugierig, was wir zu essen bekommen werden. Manche haben etwas Reis und einige Konservendosen gerettet; aber es wird nicht lange dauern, und wir werden verhungern. Wir sammeln Holz, nehmen drei Steine, eine leere Konservendose und kochen unser erstes Mahl. Später kochen wir alle Arten von Gemüse und Unkraut, welches nicht giftig war. Ein anderes Problem ist das Baby; glücklicherweise stille ich es, aber meine Milch ist ausgeblieben. Es gibt auch kein Bett oder Wiege, wo es liegen könnte. Ich bin nicht imstande, etwas zu waschen oder zu trocknen, so daß ich mich plagen muß, trockene Windeln zu haben. Als ich versuchte, einiges zum Trocknen aufzuhängen, rannte ein Japaner auf uns zu und erklärte, wir würden erschossen werden, da die weißen Tücher als Zeichen der Übergabe mißverstanden werden könnten.

Zwei Tage schliefen wir im Luftschutzbunker; warteten und warteten. Artilleriefeuer kommt vom Norden immer näher und jeden Abend können wir neue Feuerfarben in allen Richtungen sehen. Wir bemerken, daß die Brände immer näher und näher herankommen. Unser Haus war schon einige Zeit von oben zerstört worden, aber nun bekommt auch Pasay, der südliche Teil von Manila, seinen Anteil. Dieses Schauspiel ist schrecklich, ein Haus nach dem anderen geht in Flammen auf und wir konnten sehen, wie fast an jedes Haus Feuer gelegt wird. Erschreckende Detonationen von Munition, Öltanks und Dynamit zeigen uns, daß die Amerikaner bereits nahe sind. Nun kann man schon den Kampflärm hören. Geschosse sausen über unsere Köpfe. Artillerie feuert vom Norden, Süden und Osten und wir sind inmitten der Schlacht um Manila.

Die Dunkelheit bricht ein und wir hoffen, daß diese Nacht die letzte in dem Bunker sein wird. Nun begann es ernst und ernster zu werden, als einige Granaten in unserer Nähe einschlagen, blieben wir alle im Bunker. Er war für sechs Personen gebaut, aber nun sind wir neunzehn. Wir können nur schwer liegen, stehen oder sitzen und die feuchte Hitze ist fast unerträglich. Mein Arm schmerzt, da ich das Baby die ganze Zeit halten mußte, und ich kann mir nicht vorstellen, wie ich das eine ganz Nacht aushalten sollte. Der Bunker hat wohl zwei Eingänge, aber die Luft wird immer dünner und dünner. Wir denken nicht an Schlaf, wir können es ja nicht, wenn eine Granate nach der anderen in unserer Nähe krepiert und Leuchtspurgeschosse vorbeiflitzen. Das Ziel des Artilleriefeuers liegt nun am Platze des Rizaldenkmals, einige hundert Meter von unserem Bunker entfernt. Es ist keine Ruhe und ich fühle, wie ich langsam schwach werde von dem Mangel an Luft, Essen und Schlaf – all das zehrt an meinen Nerven.

Und da geht es schon wieder an! S-s-s-s-ch, eine schreckliche Explosion, Feuer, Rauch und ein ungeheures Getöse. Mein Herz ist schmerzerfüllt! Nach einigen Minuten erhole ich mich wieder und bin zufrieden, noch am Leben zu sein. Eine Seite des Bunkers hat einen direkten Treffer erhalten. Glücklicherweise war er zwischen zwei großen

Bäumen gebaut und die Zweige halfen die Granaten abzulenken. Ein Eingang wurde verschüttet und ich kann die Sterne durch das Loch sehen, das in die Decke gerissen wurde. Ich bin gewöhnlich ein Optimist, aber in dieser Nacht hatte ich keine weitere Hoffnung, diese Nacht zu überleben. Das Artilleriefeuer wird immer stärker und stärker und das Mörserfeuer beginnt wieder. Mein Körper schmerzt überall und nachdem der eine Eingang verschlossen war, wurde die Luft immer schwerer. Ein jeder schwitzt und ich kann jemand beten und ein Kind weinen hören. Meine Kinder schlafen. Das ältere liegt mit einigen anderen Kindern wie Sardinen gepackt; es schlägt und schreit im Traum. Es sieht aus, als hätte es Alpträume (Alpdrücken). Wieder hören wir die Mörser. S-s-s-s-sflah-bang, und eine fürchterlich schrille Explosion folgt. Für einige Minuten bin ich betäubt. Ohren und Kopf schmerzen. Mein Gatte nimmt unser Baby aus meinen Armen, weil ich wieder in Ohnmacht fiel. Das Baby schrie bei der Explosion laut auf und mein Mann erzählte mir später, wie sehr erschrocken er war, als sich der Kopf des Babys sehr rau und naß anfühlte. Jedoch, es war nur der Schmutz, der heruntergefallen war, und das Baby ist nicht verletzt. Mein Mann hält es nun nicht mehr im Bunker aus und legt sich draußen im Freien nieder, während Leuchtspurgeschosse ständig über seinen Kopf hinwegsausen. Nun beginnt es zu dämmern und das blutige Rot des Feuers mischt sich mit den Strahlen der aufgehenden Sonne. Was für ein Wunder!

Wir leben noch! Überall hört man Schüsse und Detonationen um uns. Wir erwarten jede Minute die Amerikaner. Ein paar Japaner kriechen in unseren Garten und sehen sich um. Sie nähern sich unserem Bunker und zwingen uns, ihn zu verlassen. Jetzt scheinen wir im Freien bleiben zu müssen, inmitten des Schießens um uns, während die tapferen Japaner sich in unseren Bunker zurückziehen. Mein Baby beginnt zu weinen und ich spüre einen Zorn in mir aufsteigen. Ich muß das Kind nun wirklich im Freien füttern, mitten im Kampf, der sich hier entwickelt. Wenn wir nur wüßten, wo die Amerikaner wären! Aber wir können nicht fliehen, wenn wir die Richtung nicht kennen. Die [Japaner sehen] nicht so aus, als würden [ihnen] die Bunker gefallen, sie müssen gefunden haben, daß irgend etwas nicht in Ordnung ist. Gegenüber der Straße stehen noch zwei Häuser unzerstört. Nach einigen Minuten verlassen die Japaner den Bunker und setzen auch diese Häuser in Brand. Es ist ein sehr heißer Tag und ein starker, trockener Wind bläst die Flammen gegen uns. Mein Mann versucht die Hitze mit nassen Tüchern abzuhalten und wir kehren wieder in den Bunker zurück, denn es ist eine Angelegenheit auf Tod und Leben, im Freien zu bleiben. Wir sehen keine Truppen oder Tanks, aber die Japaner schießen aus einer Gruppe von Häusern hinter uns. Wenn wir fliehen würden, würden die Japaner auf uns schießen. Mein Mann hatte schon seine ganzen Unterhemden verbrannt, als er damit das Feuer abhielt und wir werden alle müde und schwach vor Hunger, Ermüdung und Mangel an Schlaf. Wie lange werden wir das noch aushalten? Wir sehen alle ärger aus als Landstreicher. Während einer Woche haben wir uns kaum gewaschen oder die Kleider gewechselt. Bis jetzt waren wir alle guten Mutes und hielten den Kopf hoch, aber nun beginne ich aufzugeben und mein Widerstand bricht zusammen. Ich fühle mich dem Weinen nahe. ... Ich höre ein Geräusch. Es schleicht wieder jemand um unseren Bunker und mein Herz schlägt stärker. Es ist ein philippinischer Junge, dessen Gesicht zerkratzt ist, dessen Augen unruhig und befremdend glänzen. Sein ganzer Körper zittert. Seine Worte kommen ganz langsam über seine Lippen und die ganze Zeit sieht er herum, ob ihm niemand folgt. Nun hören wir, was in Manila vor sich geht. Er erzählt uns seine Geschichte: »Die Japaner töten jeden. Ich bin der Houseboy einer Familie mit 12 Leuten und der einzige, der übrig blieb. Einige betrunkene Japaner stellten die ganzen Leute auf den Friedensplatz auf und warfen Handgranaten auf sie. Einige der Kinder wurden bei den Füßen genommen und ihre Köpfe an der Mauer zerschlagen ... Andere Leute wurden erschossen.«

Er erzählte uns auch, daß zwei Familien, unsere besten Freunde, auch getötet wurden ... Ein Freund von uns hatte versucht, zu uns zu kommen, um uns zu helfen, als wir an der Wand aufgestellt waren und unser Haus brannte. Eine der reichsten Familien in der Stadt, die in einem Herrenhaus in seiner Nähe wohnte, wurde vollzählig aufgestellt und mit einem Maschinengewehr zusammengeschossen, einer nach dem anderen. Fünfzig Menschen wurden so getötet. Fast die ganzen Häuser in den Bezirken des südlichen Manila waren zerstört. Der philippinische Junge sagte, er gehe nach dem Süden, wo er die Amerikaner zu finden hofft. Wir denken daran, auch zu fliehen, aber wohin? Nachdem er uns verließ, waren wir noch viel niedergeschlagener. Wie können wir je aus dieser Hölle entkommen?

Bang, bang, bang. Die Landminen in unserer Straße explodieren mit einem schrecklichen Lärm. Plötzlich laufen einige Japaner auf unseren Bunker zu. Diese sehen noch viel schlechter und furchterregender aus als alle, die wir je gesehen hatten. Ihre Augen sind blutunterlaufen und sie können sich kaum aufrecht halten. Das sind also die betrunkenen Matrosen, von denen wir gehört haben. Ich schaue meinen Mann an und wir pressen unsere Hände zusammen – zum letzten Abschied. Die Japaner stieren mich mit haßerfülltem Grinsen an und zielen auf mich. Das Blut schießt mir zu Kopf und ein kalter Schauer läuft mir den Rücken herab. Ich drücke mein Baby fester an mich, während ich an die Dinge denke, die der philippinische Junge uns vorher erzählt hat.

Wir wurden wieder aus dem Bunker geholt und aufgestellt. Ich bin zu Tode erschrocken, meine Knie zittern und ich kann kaum aufrecht stehen. Die japanischen Matrosen gröhlen taumelnd – was sie vielleicht Singen nennen – um uns herum. Ihre gutturalen Ausrufe klangen niemals schrecklicher und die Kinder begannen zu weinen, weil ihre grauenhaften Grimassen sie so erschreckten. Während die Japaner untereinander sprechen, ruft ein Offizier – wieder konnten wir kaum unser Glück glauben, aber nun wollen wir doch flüchten. Ein Mädchen kommt plötzlich in den Bunker. Sie erzählt uns, daß die Amerikaner in einem kleinen Markt, also etwa 300 Meter südlich von uns wären. Wir wissen nicht, ob dies eine Falle ist oder die Wahrheit. Wir entscheiden uns, es zu wagen. Mein Mann nimmt einen Rucksack und unsere Tochter und ich trage meine beiden Handtaschen, meinen Rucksack und mein Baby. Wir hören die Geschosse links und rechts von uns, zwei pfeifen wirklich während der ganzen Zeit, aber glücklicherweise ist der Weg tiefer als das Feld und niemand von uns ist verwundet. Nun kann ich den Markt bereits sehen und viele Soldaten: doch sie sehen so dunkel aus und ihre Stahlhelme gleichen denen der Japaner ... Mein Herz ist schreckerfüllt. Sollten wir nun gefangen werden, wo wir auf Befreiung hofften? Aber nein, ein freundliches Lächeln und zwei wirklich blaue Augen blicken auf mich: »Kommen Sie nur herüber, hier sind Sie sicher«, sagte der Inhaber dieser Augen, und zu allem, was ich fähig bin, ist weinen und weinen und weinen – vor Freude. Ich möchte jeden der Boys umarmen. Ich kann noch kaum ein Wort hervorbringen. Mein ungeheures Glück wird bald gehemmt durch den Anblick der vielen verwundeten und schrecklich verbrannten Menschen um mich herum. Die Hand eines kleinen Mädchens ist halb verbrannt und der andere Arm sieht wie Holzkohle aus. Viele gelbe Totenmasken von weit fortgeschrittener Beri-Beri [Tropenkrankheit] starren mich an. Menschen mit fürchterlichen Hautkrankheiten und halbverhungerte Männer, Frauen und Kinder sind um uns. Aber die Freude von allen ist unermeßlich. Fast jeder ist in Tränen aufgelöst und wir alle fühlen uns, als wären wir von der Hölle in den Himmel gestolpert. Die Eleventh Airborne-Soldaten geben uns ihre Rationen und wir versuchen wirkliche Nahrung, das erste Mal nach vielen Tagen. Wie es uns schmeckt! Halbverhungert wie wir sind, meine Tochter weint, wenn sich ein amerikanischer Soldat nähert, weil sie die Uniform mit der der Japaner verwechselt. Ich fühle mich so leicht – nach dreieinhalb Jahren des fürchterlichen Hungers und

Ruth, Hans, Monica Lise, Bethly und Helen Steiner, Manila 1956

der Verfolgung. Ich küsse meinen Mann und möchte die ganze Welt umarmen. Wir treffen einige Freunde und erfahren nun, wie viele Freunde, die wir kannten, ihre Leben verloren hatten. Wir sehen herum und können nicht erkennen, wo wir sind. Wo man hinblickt, starren einem Ruinen entgegen, nicht ein Haus steht. Halb Verhungerte, ihre wenigen Habseligkeiten schleppend, schleichen entlang, aber sie haben alle helle, leuchtende Augen. Wir möchten einen Platz zum Schlafen finden und werden nach Süden gewiesen. Wir kommen an gesunden, rauen, nett aussehenden Boys vorbei und jeder kommt mir wie ein Messias vor. Einer von ihnen nähert sich uns und hilft uns, einen Platz zum Schlafen zu finden. Hier gehen wir, der Soldat mit dem Baby am Arm und mein strohblondes Mädchen an seiner Seite. Er hat mehr als ein Jahr kein weißes Kind gesehen und seine Augen sind naß, als er das Kind immer wieder küßt. Er erzählte uns, daß er auch zwei Jungen zu Hause habe und den jüngeren hat er noch nie gesehen ... Es wird gerade dunkel, aber wie anders fühlen wir uns als die Nacht vorher. Nun sind wir frei! Wir werden die Japaner nie wieder sehen und unser Glück ist zu groß für Worte. Wir legen uns alle auf den Fußboden, weil wir weder Betten noch Sessel haben. Doch niemand sorgt sich darum. Irgend jemand beginnt halb im Schlaf zu singen: Gott segne Amerika ...

Und bald fallen alle ein mit tiefer Aufrichtigkeit und jeder beginnt zu schlafen mit dem einzigen Gedanken: GOTT SEGNE AMERIKA.

Ein paar Monate vor ihrem Ableben schrieb meine Mutter Lisl ihre »Zehn Gebote«:

Meine »Zehn Gebote«

1. Immer eine positive Einstellung anstreben.
2. Den Horizont erweitern, neue Eindrücke sammeln, dazulernen.
3. Einem Ziel oder Plan zustreben, neue Ideen konzipieren.
4. Die Zeit so intensiv als möglich ausnützen.
5. Nie böse oder beleidigt sein, vergeben und sich bemühen, den anderen zu verstehen.
6. Flexibel sein, versuchen, sich jeder Situation oder Neuem anzupassen. Entstehen dabei Schwierigkeiten, bedenken, daß das Überwinden dieser innere Kraft gibt.
7. Alles Negative hat meist auch eine positive Seite und auf diese die Aufmerksamkeit lenken.
8. Nie Angst aufkommen lassen, auch nicht vor dem Tod.
9. Zufrieden sein mit dem was man hat, äußerlich und innerlich und das Beste aus jeder Lage machen.
10. Andauernd innere Harmonie anstreben, ein Lächeln, das aus dem Herzen kommt, dem wahren Glück die Pforte öffnen.

Omi, ich spüre auch dich in diesen Worten. Es gibt eben Menschen, die durch ihr Schicksal eine positive Einstellung zum Leben gewinnen.

Ich glaube, dass Mutti ihr Leben lang ihre religiöse Identität gesucht hat. Als Kind und Jugendliche war sie Mitglied der Kultusgemeinde und hatte jüdischen Religionsunterricht, 1938 ließ sie sich taufen, weil sie einen Christen heiraten wollte, erst durch Hitler wurde sie in ihrem Judentum bestärkt. 1952 trat sie der Union Church bei, und dann fühlte sie sich im Buddhismus am ehesten wohl.

8 Jüdische Identität

Für dich, Omi, war die Versöhnung von Christen und Juden eigentlich dein ganzer Lebensinhalt. Ich habe deinen Ariernachweis studiert und alle Taufscheine von 1800 bis zu deinem Geburtsjahr 1892. Was muss das für eine Situation gewesen sein, als die Pfarren die Taufscheine als Kopien ausstellten, um das Ariertum nachzuweisen. Ich finde es »köstlich«, dass du als uneheliches Kind eines Juden von den Rassengesetzen nicht erfasst wurdest, weil dein Stiefvater dich legitimiert hatte. Am 30. Juni 1938 hast du in dein Tagebuch geschrieben: »Heute legitimierte mich Vater Lang ... Es war für ihn nicht leicht.«

Trotz der Betonung der jüdischen Identität hatte Großvater, dein Mann Ignaz Lindenberg, scheinbar keine Beziehung zum religiösen Judentum. Nirgends habe ich einen Hinweis auf einen Gottesdienstbesuch oder das Feiern eines jüdischen Festes gefunden. Das Einzige, was ich gefunden habe, sind folgende Sätze, die du 1946 an Papi nach Manila geschrieben hast:

> Herrgott gibt es ja nur einen und durch welche Konfession man ihm dient, das ist ja nur Erziehungssache. Mir ist

unser Gottesdienst der genehmste. Ich bin aber immer, während wir in der Schiffgasse wohnten, mit Vater [Ignaz Lindenberg] – und auch früher – zum Gottesdienst nach seiner Konfession gegangen, weil er nicht allein gehen durfte, d. h. es war nicht geheuer. Und ich habe auch dabei immer an Euch gedacht.

Und weiter schreibst du:

Etwas ganz merkwürdiges: Meine Tochter Lisl kennt sich in der Leopoldstadt nicht aus, aber Hans (Schwiegersohn). Wir wohnten Schiffgasse 21, Ecke Herminengasse, und wir mußten über die Brücke, um zum ›Tempel‹ zu kommen, der in einem Zimmer in der Seitenstettengasse, ganz primitiv natürlich, untergebracht war, weil am 10. Nov. der große Tempel niedergebrannt war ... Da hätte man doch den Morzinplatz überqueren müssen. Das aber durfte man nicht. Es war Sternträgern strengstens verboten, diesen Platz zu betreten. Das war so eigen. Immer hatte ich Herzklopfen, trotz des Umweges, den wir machen mußten. ›Das Haus der Tränen‹ nannte ich es, das Gestapohaus am Morzinplatz. Und noch ein ›Tränenhaus‹ gab es, die Sperlgasse, Hans' ehemaliges Gymnasium, vielmehr die Volksschule. Dort wurden die Juden gesammelt. Dort vorbeizugehen, was ich ja täglich tun mußte, war wohl das schrecklichste. Ich will nicht daran denken und doch immer geleitet uns mein Blick in die Vergangenheit zurück ... Ach, die Zukunft mit Euch, meinen Herzlieben, die Zukunft mit Euch – unausdenkbar ...

Also Omi, ihr seid doch gemeinsam im jüdischen Gottesdienst gewesen! In all unseren Gesprächen und in all deinen Aufzeichnungen erwähntest du nie, dass du mit Großvater im Tempel warst. War das nur während des Krieges oder auch vorher und danach? Wie war es zu Hause? Habt ihr Sabbat gefeiert und die Feiertage? Wenn die Familie von Großvater so religiös war, habt ihr dann gemeinsam gefeiert?

Als Großvater Ignaz im Sterben lag und Mutti (Lisl) nach Wien kam, hat er sich von ihr verabschiedet mit den Worten aus dem jüdischen Segensspruch (Aaronssegen): »Es segne dich der EWIGE und behüte dich. Es lasse der EWIGE SEIN ANGESICHT DIR leuchten und sei dir gnädig. Es wende der EWIGE SEIN Angesicht DIR zu und schaffe dir Frieden.«

Mutti sagte flüsternd zu dir: »Nie hätte ich geahnt, was der Segen eines Vaters bedeuten kann. So viel, so viel!« (Aus dem Buch »Nicht getrennt – neu verbunden«.) Wenig später ist er gestorben.

Für dich, Omi, hat die römisch-katholische Kirche immer eine große Rolle gespielt. Obwohl du ausgetreten bist, bist du regelmäßig in die Messe gegangen. Am 19. April 1938 schreibst du:

> Heute kehre ich in die katholische Kirche zurück. Bis jetzt galt ich seit meiner Heirat als konfessionslos ... Am 31. März 1938 wurde mein Kind getauft. Warum doch nur? Um den strengen nationalsozialistischen Gesetzen zu entgehen. Und für mich – zum Kinderglauben zurück? Und nun die ›Mischehe‹ mit meinem geliebten Mann. Alles so merkwürdig: Gewollt, ›heimgekehrt‹ ...

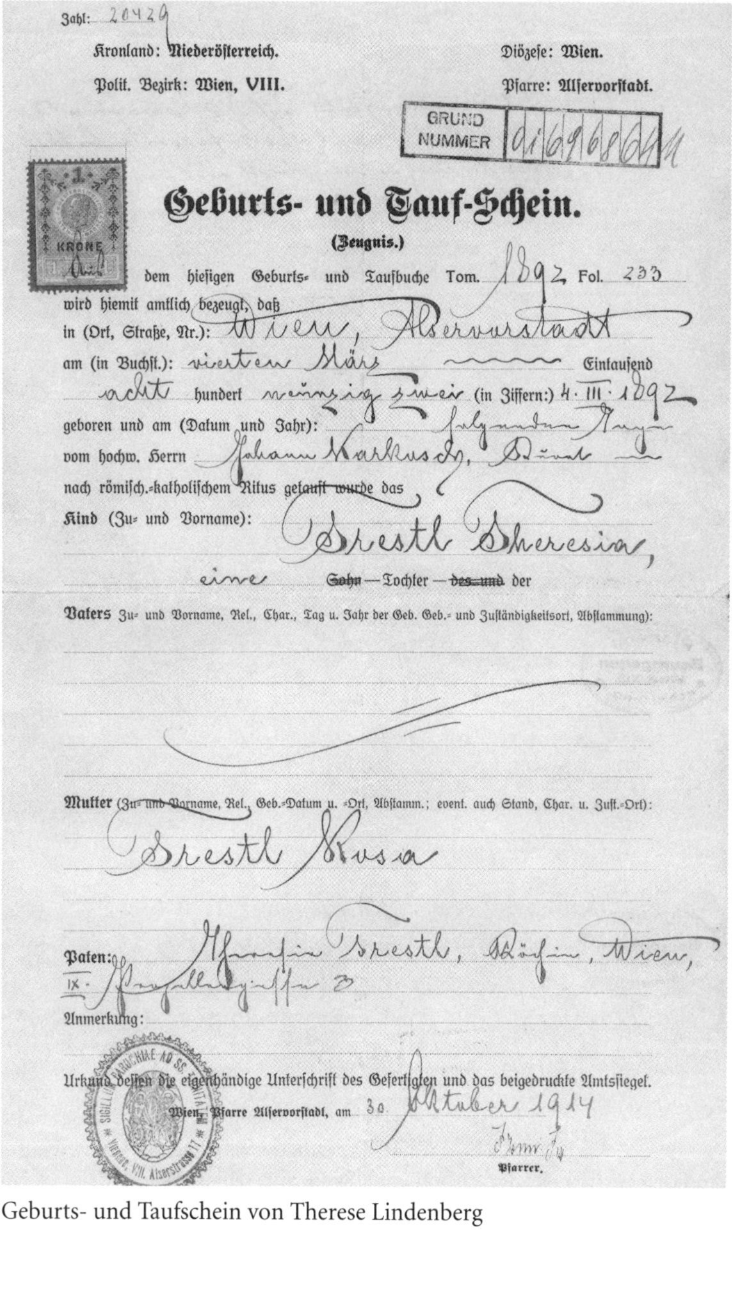

Zahl: 20429

Kronland: Niederösterreich. Diözese: Wien.

Polit. Bezirk: Wien, VIII. Pfarre: Alservorstadt.

GRUND NUMMER 01696864

Geburts- und Tauf-Schein.

(Zeugnis.)

1 KRONE

dem hiesigen Geburts- und Taufbuche Tom. 1892 Fol. 233 wird hiemit amtlich bezeugt, daß in (Ort, Straße, Nr.): Wien, Alservorstadt am (in Buchst.): vierten März Eintausend acht hundert neunzig zwei (in Ziffern:) 4. III. 1892 geboren und am (Datum und Jahr): folgenden Tag vom hochw. Herrn Johann Markusch, Kurat nach römisch.-katholischem Ritus getauft wurde das Kind (Zu- und Vorname): Brestl Theresia, eine ~~Sohn~~ — Tochter — ~~des und~~ der

Vaters Zu- und Vorname, Rel., Char., Tag u. Jahr der Geb. Geb.- und Zuständigkeitsort, Abstammung):

Mutter (~~Zu- und Vorname~~, Rel., Geb.-Datum u. -Ort, Abstamm.; event. auch Stand, Char. u. Zust.-Ort): Brestl Rosa

Paten: Theresia Brestl, Köchin, Wien, IX. ...gasse 3

Anmerkung:

Urkund dessen die eigenhändige Unterschrift des Gefertigten und das beigedruckte Amtssiegel.

Wien, Pfarre Alservorstadt, am 30. Oktober 1914

Pfarrer.

SIGILLUM PAROCHIAE AD SS. TRINITATEM Vienna, VIII. Alserstrasse 17

Geburts- und Taufschein von Therese Lindenberg

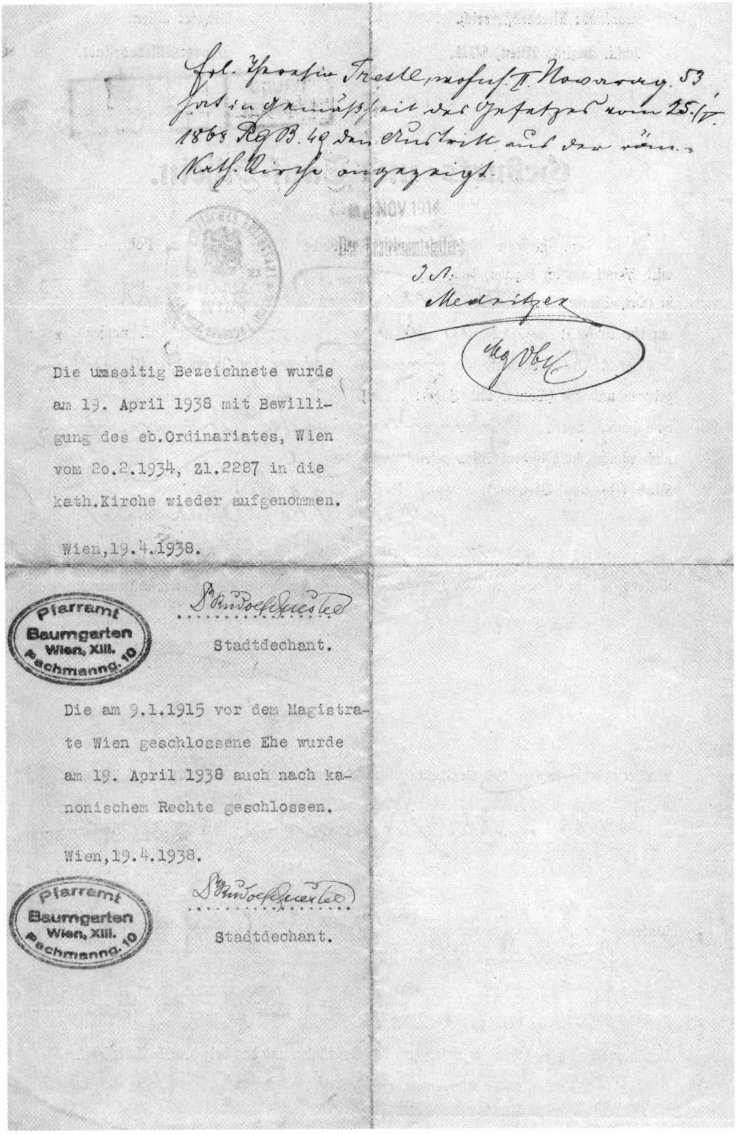

Die umseitig Bezeichnete wurde am 19. April 1938 mit Bewilligung des eb.Ordinariates, Wien vom 2o.2.1934, Zl.2287 in die kath.Kirche wieder aufgenommen.

Wien,19.4.1938.

Pfarramt Baumgarten Wien, XIII. Pachmanng. 10

Stadtdechant.

Die am 9.1.1915 vor dem Magistrate Wien geschlossene Ehe wurde am 19. April 1938 auch nach kanonischem Rechte geschlossen.

Wien,19.4.1938.

Pfarramt Baumgarten Wien, XIII. Pachmanng. 10

Stadtdechant.

Auf der Rückseite des Geburts- und Taufscheins von Therese Lindenberg sind der Austritt aus der katholischen Kirche im Jahr 1914 und der Wiedereintritt 1938 festgehalten.

Am 8. April 1938 schwere Tage. Ich fasse mich. Jesaias 41 [10 u. 13] sagt: ›Fürchte dich nicht, ich stehe dir bei, denn ich der Herr, dein Gott bin es, der deine Hand umfaßt und zu dir spricht! Die Menschen, die ich liebe, will ich stützen. Fürchte dich nicht, ich helfe dir.‹ Das ist mein Trost, aus dem schöpfe ich.

Meine Identität als Christin jüdischer Herkunft

Den Weg als Christin jüdischer Herkunft gehe ich jetzt viel bewusster als früher. Jetzt kann ich offen über meine Herkunft sprechen und vor allem auch über meine Gefühle. Während meiner Berufstätigkeit als Generalsekretärin der Katholischen Aktion Österreichs war das nicht so einfach. Omi, dir ist bewusst, wer der erste Generalsekretär der Katholischen Aktion Wien war – dein Lieblingsverwandter Gustav Granditsch, zuletzt Pfarrer in der Leopoldstadt. Auch mit ihm konnte ich meinen neuen Lebensweg in der Kirche nicht besprechen, da er zu dem Zeitpunkt schon schwer krank war. Schließlich war er sehr involviert in meine Entscheidung, mich katholisch taufen zu lassen. Er hat gewusst, wie schwer meine Taufe für Papa sein würde, und hat mich deshalb einige Jahre auf die Probe gestellt, ob ich das wirklich will.

Er ist im Mai 1987 gestorben, an dem Tag, an dem ich erfahren habe, dass ich fortgeschrittenen Brustkrebs habe. Ich habe meinen Krebs besiegt – er starb und ich lebe weiter.

Mein Leben hat sich dadurch geändert, dass ich mehr über meine religiösen Wurzeln wissen wollte. Als ich 1959 von den

Verleihung des Goldenen Ehrenzeichens der Republik Österreich, 2003 (Maria Rauch-Kallat und Ernst Strasser in Vertretung des Bundespräsidenten)

Philippinen nach Wien in die Neulandschule kam, ohne Deutsch zu können, habe ich außer dir, Omi, niemanden gekannt. Ich war eigentlich sehr einsam. Heimweh war mein größtes Problem, ich war noch nie alleine weg von zu Hause. Du hast ja alles versucht, mir Liebe zu geben, was dir auch gelungen ist. Nur mein Heimweh konntest du nicht wegnehmen. Ich frage mich eigentlich, warum ich nicht versucht habe, mit der Wiener Kultusgemeinde in Kontakt zu treten. Ich war zwar sehr glücklich über die Gemeinschaft in der Neulandschule, aber ich hätte es doch mit der Kultusgemeinde versuchen sollen. Eigentlich bin ich immer noch auf der Suche danach, wo ich hingehöre. Grundsätzlich bin ich Christin jüdischer Herkunft, aber es ist mehr dahinter als nur Herkunft.

Das Judentum ist doch eine Schicksalsgemeinschaft.

Meine Spiritualität

Liebe Omi,

an dieser Stelle möchte ich über meine Spiritualität schreiben. Vieles davon ist dir bekannt, aber über vieles haben wir, als du noch gelebt hast, nicht gesprochen.

Meine Eltern bekannten sich zu ihrer jüdischen Identität, den jüdischen Glauben jedoch praktizierten sie nicht. Jüdische Feiertage wurden bei uns daheim nicht gefeiert. Mein Vater hatte jüdische Gebetbücher, die er auch verwendete. Ich kann mich aber nicht erinnern, dass er in die Synagoge ging. Er war bis zu seinem Tod Mitglied der Wiener Kultusgemeinde, von 1938 bis 1962 Mitglied der Gemeinde in Manila.

Insgesamt kann ich nicht sagen, dass ich in einem jüdischen Glaubensumfeld aufgewachsen oder als Jüdin erzogen worden wäre. Ich habe auch nie Hebräisch gelernt. All das hätte es leichter für mich gemacht, in einen jüdischen Gottesdienst zu gehen.

Auf den Philippinen hatte unsere Familie gute Kontakte zur jüdischen Gemeinde. Doch die religiöse Gemeinde lebte sehr isoliert, wahrscheinlich absichtlich, um eine allzu schnelle Assimilierung der Gemeindemitglieder an die nichtjüdische Umgebung zu verhindern. Meine Eltern wollten sich dagegen so schnell wie möglich an ihre neue Heimat anpassen, hatten also kein Interesse daran, die Diasporasituation der jüdischen Gemeinde zu teilen. Sie wollten eine schnelle Assimilierung vor allem auch für uns Kinder.

Zum Katholizismus gekommen bin ich erst in Wien. Dabei haben einige Menschen eine große Rolle für mich gespielt. Sie haben mein religiöses Leben sehr beeinflusst. Zu nennen bist hier zuerst du, liebe Großmutter. Vor allem aber war es meine Erzieherin im Internat der Neulandschule, Josefa Groiss. Sie gehörte den Bund Neuland an, der sich verschiedener Jugendgruppen annahm. Josefa Groiss war ein unbeschreiblicher Mensch. Ich habe sie wirklich angehimmelt, obwohl sie sehr streng war und viel von mir gefordert hat.

Vor kurzem habe ich Briefe gefunden, die sie mir in den Sommerferien 1962 geschrieben hat. Vor allem dieser Brief vom 29. August 1962, ein paar Monate vor meiner Taufe, hat mir sehr geholfen. Sie schrieb:

> ... Aber vielleicht ist ja ganz gut, daß ich Dich im Sommer so alleine gelassen habe, es ist mir wohl passiert, ich hatte

es mir nicht so vorgenommen. Aber da konntest Du Deinen Schritt, den Du vorhast, wirklich allein, ohne Beeinflußung von irgend einer Seite, gut überlegen. Ich habe mich sehr über die Zeilen Deiner Mutter gefreut, die so großes Verständnis für Dich zeigen. Ich verstehe auch Deinen Vater, der noch zögert und Dich gern noch erwachsener für diesen Schritt sehen will. Und es ist auch eine wirklich ernste Entscheidung, wenn ein Mensch sich veranlaßt sieht, sein Leben als Christ weiterzuleben. Ich glaube, daß Dir nicht in erster Linie die verstandesmäßigen Ansichten die entscheidenden sind, sondern da andere Kräfte am Werke sind. Da führen Glauben und Liebe weiter, und diese Kräfte können auch im noch nicht erwachsenen Menschen sehr mächtig sein, dies kann ein Kind sogar schon in hohem Ausmaß besitzen. Wenn Gott Dich drängt und ruft, ein Christ zu werden, so soll man Ihm Folge leisten. Es hat Dich ja niemand von außen genötigt, sondern aus Dir ist alles, was da ist, gewachsen. Du weißt, Du warst uns genauso lieb, wie Du gekommen bist und wie Du jetzt bist. Aber Du selbst kommst innerlich nicht zur Ruhe. Daher würde ich mich innerlich prüfen, ob Du imstande bist, so weiterzuleben, oder ob Du diese klare innere Entscheidung zur Kirche Christi vollziehen musst und willst. Wenn dies klar ist, würde ich nicht zögern. Es ist eine große Freude, in der vollen Gemeinschaft mit Christus leben zu dürfen, wenn der Mensch gerufen wird dazu, ist vielleicht eine große Gnadenstunde seines Lebens angebrochen, die er dann als wunderbare Kraftquelle erfahren darf. Und dafür kann es keine Minute zu früh sein ...

Wenn ich diesen Brief heute wieder lese, spüre ich, wie stark er mich beeinflusst hat. Tatsächlich war ich innerlich nie zur Ruhe gekommen. Ich wollte Heimat finden und hatte Sehnsucht nach Geborgenheit.

Und so ließ ich mich taufen, ich war damals achtzehn Jahre alt. Es war ein großes Fest mit vielen Freunden und der philippinischen Gemeinde in Wien, ich erinnere mich heute noch gerne daran. Meine Taufpatin war eine Bekannte der Familie, die ich sehr mochte – Hilde Ertl. Um alle glücklich zu machen, wurde ich mit folgenden Namen getauft: Ruth, Ragnhild (Pflegemutter meines Vaters), Maria Theresia (Großmutter), Josefa (Erzieherin), Hilde Steiner. Omi, du warst an diesem Tag überglücklich!

Mein Vater hatte verständlicherweise große Probleme mit meiner Entscheidung zur Konversion. Da ich zu dieser Zeit von meinen Eltern getrennt lebte – sie waren zuerst auf den Philippinen und dann in Deutschland, während ich in Wien war –, hielten wir vor allem Kontakt über Briefe. Mein Vater schrieb mir am 6. November 1962, also einige Tage nach meiner Taufe am 28. Oktober:

> ... Ich freue mich sehr, daß Dein Festtag so schön gewesen ist, und kann nur wiederholen, daß es mir leid tut, daß ich nicht dabei sein konnte. Vielleicht bin ich altmodisch, wenn ich glaube, daß Du noch zu jung warst, um diese wichtige Entscheidung zu treffen, ich wollte Dir nicht im Wege stehen und ich hoffe, daß Du all das Glück in Deinem Glauben finden wirst, das Du Dir davon erwartest. ... Du brauchst Dir also diesbezüglich meinetwegen keine Sorgen zu machen, und ich hoffe nur, daß in unserem Ver-

> hältnis zueinander durch die Veränderung in Deinem Leben keinerlei Entfremdung eintreten wird, auf meiner Seite wird es sicherlich nicht liegen, und ich kenne Dich gut genug, um zu wissen, daß auch Du Dich Deiner Abstammung niemals schämen wirst ...

Mein Vater und ich haben später mehrmals über meine Entscheidung gesprochen. Er hat sie wohl akzeptiert, aber ich hatte das Gefühl, dass er mich nie wirklich verstanden hat. Wir vereinbarten, dass ich einige Zeit in Israel arbeite, um zu sehen, ob ich als Christin weiterhin auf meine jüdischen Wurzeln aufbauen konnte.

Ich ging auch tatsächlich einige Sommer nach Israel und arbeitete in einem Kibbuz. Dort fühlte ich mich in meiner Handlungsweise bestätigt, dass ich wirklich Jüdin bin mit einem starken Bewusstsein meiner jüdischen Wurzeln. Doch meine Religion ist das Christentum. Für mich persönlich ist der Messias schon da. Ich empfand meine Taufe tatsächlich so, wie Josefa Groiss es in einem weiteren Brief vom 25. August 1962 beschrieben hat: »Gott hat Dich an die Hand genommen und Du hast Dich führen lassen.«

In den gemeinsamen Messbesuchen vor allem in der Neulandschule habe ich zum ersten Mal gespürt, was es heißt, in eine Gemeinschaft eingebettet zu sein, und wie viel Geborgenheit das vermittelt. Diese Geborgenheit habe ich im fremden Wien damals dringend gebraucht. Bis heute spielt die spirituelle Gemeinschaft bei einem Messbesuch für mich eine große Rolle. Sie vermittelt mir das Gefühl, nicht allein zu sein ...

Doch Spiritualität ist nicht nur das Gebet, sondern das Leben mit Gott und vor allem das Vertrauen in Ihn. Für einen Menschen wie mich, der immer wieder von Krankheiten auf die Probe gestellt wird, ist dieses Vertrauen nicht immer leicht. Um Kraft zu schöpfen, besuche ich daher bis heute die Messe und feiere sehr bewusst die heilige Kommunion. Für mich ist ein Messbesuch ohne heilige Kommunion wie Butterbrot ohne Brot. Die Mahlgemeinschaft mit Christus macht Ihn für mich präsent. Es ist nicht einfach, dieses Erlebnis zu beschreiben. Jede Katholikin/jeder Katholik erlebt es auf ihre/seine Art und Weise. Aber für mich ist Christus in der Messe ganz und gar anwesend.

Wenn ich heute zurückblicke und mich frage, warum ich mich zum Christentum berufen fühlte, dann muss ich letztlich feststellen: Ganz rational einholbar wird diese meine Berufung wohl nie sein.

Sicher, es gab schon Gründe: Die Spiritualität der Evangelien war und ist für mich sehr wichtig. Zentral ist hier für mich vor allem die Bergpredigt mit ihrer Botschaft der Liebe und Barmherzigkeit. Solche Gedanken gibt es natürlich auch im Alten Testament. Doch es war eben gerade Jesus, der mich mit seiner Predigt und mit seiner ganzen Person faszinierte und es immer noch tut. Seine Ausstrahlung auf Menschen der damaligen Zeit erfasst auch mich immer wieder neu. Für mich ist Jesus Christus ein Revolutionär seiner Zeit. Er setzte sich ein für Barmherzigkeit, Frieden und Gerechtigkeit.

Hinzu kommt, dass ich ein sehr spiritueller Mensch bin, mit einem starken Bedürfnis nach Gebet. Die katholische Liturgie ist mir spirituelle Heimat geworden und die Eucharistie der Kernpunkt meiner Spiritualität.

Mit Kardinal Christoph Schönborn bei der Überreichung des päpstlichen Ritterordens »Komturkreuz des Sylvesterordens«, 2000

Wenn ich zur Kommunion gehe, erfüllt mich der Glaube, dass Christus in mir fortlebt und dass er der Erlöser ist. Es ist wohl diese innige innere Beziehung zum Erlöser, die mich Christin werden ließ und sein lässt. Das ist eine ganz persönliche Angelegenheit und auf gar keinen Fall eine Abwertung anderer Religionen, schon gar nicht des jüdischen Glaubens. Spirituelle Tiefe und die Dankbarkeit für das wiederholte Erlösungshandeln Gottes in der Geschichte, das Psalmengebet und vieles mehr finden sich ebenso im Judentum. Ich gehe auch in die Synagoge und entdecke dabei immer wieder, wie viele Elemente die christliche Liturgie aus dem Judentum geschöpft hat. Doch für mich persönlich gilt das Wort Jesu: »Ich bin der Weg.« Dieses Wort bedeutet keinesfalls, dass Juden nicht ihren Heilsweg hätten. Es hat jede Religion ihren Weg, um zu Gott zu kommen. Auf keinen Fall dürfen wir Christen versuchen, Juden zu missionieren. Sie haben ihren Weg, wir haben den unseren. Ich bin überzeugt, dass beide zu Gott führen.

Mein religiöses Ziel ist daher auch: Offenheit im Umgang mit der eigenen religiösen Erfahrung und ein Ringen um zeitgemäße Formen christlicher Glaubensverkündigung. Das Streben, für die Botschaft Christi wach zu sein, und diese Botschaft in das eigene Leben hereinzuholen.

Wie die meisten Eltern wollten unsere Eltern uns eine religiöse Erziehung geben mit der Absicht, dass wir dann später selbst entscheiden, wo wir sein wollen. Nur so einfach ist das nicht, es spielen so viele Faktoren eine Rolle.

Ich gehe jetzt, soweit es meine Zeit erlaubt, in den Freitagabend-Gottesdienst in die Synagoge. Ich bin überzeugt, dass jüdische Religion und jüdische Identität getrennt zu sehen, aber doch voneinander abhängig sind. Jüdische Religion basiert auf den einen Gott, auf die Zehn Gebote und auf die fünf Bücher Moses. Jüdische Identität bedeutet, ein Teil der Diaspora, ein Teil der Verfolgung zu sein. Man kann eine jüdische Identität haben, ohne religiös zu sein. Das ist im Christentum schwer möglich. Die wirkliche Diaspora-Identität erlebe ich z. B., wenn ich beim Freitagsgottesdienst in der Seitenstettengasse Leute vom Jewish Welcome Service treffe. Das ist eine Institution, die Personen oder deren Nachkommen, die 1938 geflüchtet sind, nach Wien einlädt. Geleitet wird sie von Prof. Leon Zelman und subventioniert von der Gemeinde Wien, nicht von der schwarz-blauen Regierung. Da hört man dann: »Ja, da haben meine Eltern geheiratet, mein Bruder hat seine Bar-Mizwa gehabt. Sie waren in Theresienstadt, Auschwitz oder Treblinka.« Dann kommt immer die übliche Frage an mich: »Wo warst du im Krieg? Wo deine Eltern?« Wenn ich sage: »In Manila«, ist das für alle selbstverständlich. Bei Christen ist man da immer sehr erstaunt.

Wo gehöre ich eigentlich hin?

Ich bin Christin jüdischer Herkunft und das kann man mir nicht wegnehmen. Wenn ich während des Krieges gelebt hätte, wäre ich wahrscheinlich den gleichen Weg gegangen wie unsere Verwandten. Ich wäre ins Konzentrationslager gekommen oder mit viel Glück geflüchtet. Je mehr ich mich damit beschäftige, umso mehr fühle ich mich in erster Linie als Jüdin. Andererseits brauche ich die heilige Messe und Kom-

Mit Kardinal Franz König und Oberrabbiner Prof. Paul Chaim Eisenberg bei der Präsentation des Buches »Daheim in zwei Religionen«, 2000

munion. Vielleicht bin ich ja meschugge? Meine Anwesenheit in der Synagoge ist die eines Gastes, aber nicht einer Fremden. Wenn ich länger nicht da bin, ruft man mich an, fragt, ob ich krank bin. Der Oberrabbiner sagte mir vor kurzem, nachdem ich wieder einmal operiert worden war: »Sie müssen schon sehr gesund sein, um so viele Krankheiten zu überleben.« Ich werde von jüdischen Freunden eingeladen, mit ihnen die Feiertage zu feiern. Wir gehen gemeinsam zum Rosh Haschana-Gottesdienst (Jüdisches Neujahr) und zum Fest nachher. Nach Jom Kippur (Versöhnungsfest) brechen wir das Fasten nach dem Gottesdienst und feiern bei einem koscheren Mal. Das Feiern von religiösen Festen ist etwas, das mir viel bedeutet. Es ist mehr als nur »Folklore«. Immer wieder fragen mich jüdische Freunde: »Also wohin gehörst du jetzt? Bist du eine von uns oder bist du Christin? Hast du nicht Schwierigkeiten, mit dir ins Reine zu kommen?« Ich sitze also zwischen zwei Sesseln, die vielleicht eine Brücke sein können. Es hat einige Jahre gedauert, bis ich nicht mehr als Verräterin angesehen wurde, sondern dass ich akzeptiert werde wie ich bin. Es ist noch nicht lange her, dass ich darüber ein langes Gespräch mit guten Freunden hatte. Ich kann nur dann mit dieser Situation leben, wenn man mir abnimmt, dass ich nicht versuche, andere zu missionieren, um meinen Weg zu gehen. Ich bin im Vorstand des Koordinierungsausschusses für christlich-jüdische Zusammenarbeit, der aus einem Drittel Katholiken, einem Drittel Protestanten und einem Drittel Juden besteht. Auf die Frage, wie viele jüdische Vorstandsmitglieder haben wir, sagte jemand: »Zweieinhalb.«– »Wer ist einhalb?« – »Die Ruth Steiner.«

Omi, in August 1946 schrieb dir meine Mutti: »Die Kinder

sind in der jüdischen Religionsgemeinschaft eingetragen worden.« Das war gleich nach dem Ende des Krieges in Manila. Wahrscheinlich tat sie dies wegen ihrer Verfolgung und aus Gründen der Pietät.

Gemeinsames und Trennendes 9

Liebe Omi!

Was ist eigentlich mein Ziel? Was will ich eigentlich mit meiner Identitätssuche erreichen? Es muss doch alles einen Sinn haben, dass ich sowohl von christlicher als auch von jüdischer Seite angezweifelt und kritisiert werde. Ich würde so gerne mit dir diese Gefühle besprechen, vor allem, wie man damit umgeht. Manchmal gelingt es mir Menschen zu überzeugen, aber manche sind so von ihrer Meinung überzeugt, dass jegliche Diskussion ins Leere führt. Ich erinnere mich, als wir noch in Manila waren, dass Papi nicht nach Wien wollte, da er hinter jedem Wiener einen Nazi sah. Diese Einstellung lehne ich ab.

Von jüdischer Seite wird mir immer wieder beteuert: Eine Versöhnung mit den Christen hat nie etwas gebracht, verliere nicht deine Zeit damit. Von christlicher Seite wird immer wieder gesagt: Jetzt ist es schon genug mit dieser Aufarbeitung der Vergangenheit, denken wir lieber an die Zukunft, oder: Es geht den meisten Juden doch nur ums Geld.

Aber genauso selbstverständlich gibt es Menschen, die an einer Versöhnung interessiert sind.

Darum bin ich immer daran interessiert, Christen das

Judentum zu erklären und dem Judentum das Christentum. Ich habe seit Erscheinen meines Buches »Daheim in zwei Religionen« über einhundertdreißig Vorträge und Diskussionen über meinen persönlichen Zugang zu diesen Religionen gehalten. Vielleicht ist es mir gelungen, auf dieser Basis ein klein wenig zu bewegen.

Es bestehen in diesen Religionen große Wissensdefizite voneinander. So wie es in der katholischen Kirche verschiedene Strömungen gibt, ist das auch im Judentum der Fall. Ich gehe in die Synagoge in der Seitenstettengasse, die eher das konservative (modern orthodoxe) Judentum vertritt. Es gibt in Wien eine reformierte Synagoge und auch orthodoxe Gruppen. Je nach Zugehörigkeit werden die verschiedenen Vorschriften, unter anderem Speisevorschriften, gelebt. Manche halten sie strenger ein (Orthodoxe), manche sind nicht so streng.

Immer wieder sagen mir z. B. Christen: »Was ist denn das Problem? Die Juden glauben doch auch an Jesus Christus. Weil die Juden Jesus nicht anerkennen, wurden sie verfolgt.« Ich musste immer wieder antisemitische Aussagen hören wie: »Alle Bankiers Amerikas sind Juden.« Und: »Was war denn so furchtbar am Holocaust, dass die Juden nicht verzeihen können.« – Wenn ich solche Aussagen höre, ist mir bewusst, wie weit der Weg der Versöhnung noch ist!

Daher ist es mir wichtig, einige Zahlen zu nennen, die dokumentiert sind[24]: 1938 gab es rund 206.000 österreichische

24 Aus: Gerhard Botz, Wohnungspolitik und Judendeportation in Wien 1938–1945, Wien 1975.

Juden, 181.000 waren Mitglieder der Israelitischen Kultusgemeinde. Nur etwa 5.500 haben 1945 in Österreich überlebt, die meisten davon lebten in Mischehen. Die anderen wurden umgebracht oder vertrieben. Heute hat die Israelitische Kultusgemeinde wieder 8000 Mitglieder.

Omi, ich gehe auch in Schulen und erkläre den Kindern als Zeitzeuge erster Generation die Verfolgung meiner Eltern und die Grundbegriffe des Judentums.

Ich meine aber, das Wesentliche ist: Was bliebe von unserem christlichen Glauben übrig, wenn man aus ihm den Eingottglauben, die Lehre von den Zehn Geboten, der Allgegenwart Gottes und den Glauben an die Ewigkeit herausreißen würde, also alles Wesentliche des Judentums? Was bliebe denn übrig? Nichts, würde ich meinen, das sind die Fundamente des Christentums – außer: der auferstandene Messias.

Beim Freitagsgottesdienst in der Synagoge erlebe ich, dass die Lobpreisungen die gleichen sind. Die Psalmen, das Sanctus und Elemente des Vaterunsers kommen vom Kaddisch oder Schmone Essre (Achtzehngebet), wesentlichen jüdischen Gebeten. Die Gegenüberstellung macht das deutlich[25]:

Kaddisch	*Vaterunser*
Geheiligt werde sein machtvoller Name in der Welt, die er schuf	*Geheiligt werde dein Name*
nach seinem Willen.	*Dein Wille geschehe*

25 J. J. Petuchowski/Clemens Thoma, Lexikon der jüdisch-christlichen Begegnung, Freiburg 1989, S. 418.

Kaddisch	*Vaterunser*
Sein Reich *führe er herbei.* *Er lasse sprießen* *seine Erlösung:* *in eurem Leben* *in euren Tagen* *und im Leben des ganzen Hauses Israel.*	*Dein Reich komme,* *wie im Himmel* *so auf Erden.*

Achtzehngebet	*Vaterunser*
Unser Vater!	
Vergib uns, Vater! *Bringe uns zurück zu dir,* *und wir werden umkehren.*	*Vergib uns unsere Schuld,* *wie auch wir vergeben unseren Schuldigern.*
Segne, Herr, unser Gott, *für uns dieses Jahr in allen Erträgen.*	*Gib uns heute* *unser tägliches Brot.*
Das Endjahr der Erlösung bring schnell herbei.	*Erlöse uns von dem Bösen.*

Die in den christlichen Gottesdienst vielfach eingestreuten Worte: »Hosianna«, »Halleluja«, »Amen«, »Friede sei mit euch« sind auch wörtlich fortlebendes Gut der jüdischen Gebetssprache.

Auf der anderen Seite gibt es natürlich wesentliche Unterschiede:

- Der reine Monotheismus des Gottesbildes der Juden gestattet es ihnen nicht, Gott in irgendeiner Gestalt zu beschreiben, dogmatisch zu definieren oder künstlerisch

darzustellen. Deshalb tun sich Juden schwer, in eine christliche Kirche zu gehen.
- Die Vorstellung der Dreifaltigkeit. Juden lehnen die Vorstellung von einem Mittler oder Fürsprecher ab.
- Bei Christen werden Sünden auch durch Christus vergeben, im Judentum durch die Sündenvergebung an Yom Kippur und nach Psalm 103, Vers 3 durch Gott, »der dir alle Schuld vergibt und all deine Gebrechen heilt«.

Ich bin überzeugt, dass das Wissen über das Judentum viel gegen den Antisemitismus helfen würde. Aber Wissen allein ist es nicht. Mehr und mehr spüre ich, wie notwendig es ist, das Judentum zu leben und zu spüren, wie sich Juden in gewissen Situationen verletzt oder sich bestätigt fühlen. Christlicher Antisemitismus ist eine Sache, die andere ist der Umgang mit Juden, die unmittelbar oder mittelbar von der Schoah (deutsch: Zerstörung, große Katastrophe) betroffen sind. Vor allem Juden, die ohne Eltern oder Geschwister aufgewachsen sind oder – wie in unserem Fall – ohne Verwandte zu kennen bzw. sie erst spät kennen zu lernen. Darum spielen Familienfeste bei den Juden der Generation nach der Schoah so eine große Rolle.

Heuer habe ich wieder an den Rosch Haschana- und Yom Kippur-Gottesdiensten in der Seitenstettengasse teilgenommen. Der Gottesdienst ist auf Hebräisch. Die meisten Gebete werden vom Kantor und vom Chor gesungen. Das ist wirklich ein Erlebnis, jetzt kann ich auch die Texte ein bisschen besser verfolgen als in den früheren Jahren, aber als Nächstes muss ich die hebräische Schrift lernen.

Im Jahr 2004

Ich habe das Gefühl, dass ich sowohl in der katholischen Kirche wie auch in der jüdischen Gemeinschaft aufgenommen bin. Aber eine Klärung ist für mich immer wichtig. Man kann nicht zwei Religionen haben! Ich gehe in die katholische Messe, empfange die Kommunion – und beim jüdischen Gottesdienst bin ich Gast. Es ist wichtig, beides zu kennen, zu wissen, was jeweils das Verbindende ist. Man muss einen Gottesdienst miterleben, um die andere Religion zu verstehen.

In aller Demut: Könnte das der Grund sein, warum ich diesen merkwürdigen Weg zwischen Judentum und Christentum gehe – um es anderen besser zu vermitteln?

Aber ein wenig war das auch schon dein Weg. Auch du, Omi, wolltest beide Religionen verstehen und in ihnen leben. Auf jeden Fall hast du für mich einen Grund gelegt für meine religiöse Denkungsweise.

Und dafür, Omi, danke ich dir, dass du mir diesen Weg gezeigt hast. Vielleicht ist das eine Chance!

Anhang

Nostra Aetate

verkündet durch Papst Paul VI.
28. Oktober 1965
(Auszug)

Bei ihrer Besinnung auf das Geheimnis der Kirche gedenkt die Heilige Synode des Bandes, wodurch das Volk des Neuen Bundes mit dem Stamme Abraham geistlich verbunden ist.

So anerkennt die Kirche Christi, daß nach dem Heilsgeheimnis Gottes die Anfänge ihres Glaubens und ihrer Erwählung sich schon bei den Patriarchen, bei Moses und den Propheten finden. Sie bekennt, daß alle Christusgläubigen als Söhne Abrahams dem Glauben nach (6) in die Berufung dieses Patriarchen eingeschlossen sind und daß im Auszug des erwählten Volkes aus dem Lande der Knechtschaft das Heil der Kirche geheimnisvoll vorgebildet ist. Deshalb kann die Kirche auch nicht vergessen, daß sie durch jenes Volk, mit dem Gott aus unsagbarem Erbarmen den Alten Bund geschlossen hat, die Offenbarung des Alten Testaments empfing und genährt wird von der Wurzel des guten Ölbaums, in den die Heiden als wilde Schößlinge eingepfropft sind. (7) Denn die Kirche glaubt, daß Christus, unser Friede, Juden und Heiden durch das Kreuz versöhnt und beide in sich vereinigt hat. (8)

Die Kirche hat auch stets die Worte des Apostels Paulus vor Augen, der von seinen Stammverwandten sagt, daß ihnen die Annahme an Sohnes Statt und die Herrlichkeit, der Bund und das Gesetz, der Gottesdienst und die Verheißungen gehören wie auch die Väter und daß aus ihnen Christus dem Fleische nach stammt (Röm 9, 4-5), der Sohn der Jungfrau Maria. Auch hält sie sich gegenwärtig, daß aus dem jüdischen Volk die Apostel stammen, die Grundfesten und Säulen der Kirche, sowie die meisten seiner ersten Jünger, die das Evangelium Christi der Welt verkündet haben.

Wie die Schrift bezeugt, hat Jerusalem die Zeit ihrer Heimsuchung nicht erkannt, (9) und ein großer Teil der Juden hat das Evangelium nicht angenommen, ja nicht wenige haben sich seiner Ausbreitung widersetzt. (10) Trotzdem sind die Juden nach dem Zeugnis der Apostel immer noch von Gott geliebt um der Väter willen; (11) sind doch seine Gnadengaben und seine Berufung unwiderruflich. Mit den Propheten und demselben Apostel erwartet die Kirche den Tag, der nur Gott bekannt ist, an dem alle Völker mit einer Stimme den Herrn anrufen und ihm »Schulter an Schulter dienen« werden (Soph 3,9). (12)

Da also das Christen und Juden gemeinsame geistliche Erbe so reich ist, will die Heilige Synode die gegenseitige Kenntnis und Achtung fördern, die vor allem die Frucht biblischer und theologischer Studien sowie des brüderlichen Gespräches ist. Obgleich die jüdischen Obrigkeiten mit ihren Anhängern auf den Tod Christi gedrungen haben, (13) kann man dennoch die Ereignisse seines Leidens weder allen damals lebenden Juden ohne Unterschied, noch den heutigen Juden zur Last legen. Gewiß ist die Kirche das neue Volk Gottes, trotzdem darf man die Juden nicht als von Gott verworfen oder verflucht darstellen, als wäre dies aus der Heiligen Schrift zu folgern. Darum sollen alle dafür Sorge tragen, daß niemand in der Katechese oder bei der Predigt des Gotteswortes etwas lehre, das mit der evangelischen Wahrheit und dem Geiste Christi nicht im Einklang steht.

Im Bewußtsein des Erbes, das sie mit den Juden gemeinsam hat, beklagt die Kirche, die alle Verfolgungen gegen irgendwelche Menschen verwirft, nicht aus politischen Gründen, sondern auf Antrieb der religiösen Liebe des Evangeliums, alle Haßausbrüche, Verfolgungen und Manifestationen des Antisemitismus, die sich zu irgendeiner Zeit und von irgend jemandem gegen die Juden gerichtet haben. Auch hat ja Christus, wie die Kirche immer gelehrt hat und lehrt, in Freiheit, um der Sünde aller Menschen willen, sein Leiden und seinen Tod aus unendlicher Liebe auf sich genommen, damit alle das Heil erlangen. So ist es die Aufgabe der Predigt der Kirche, das Kreuz Christi als Zeichen der universalen Liebe Gottes und als Quelle aller Gnaden zu verkünden.

[Die Nummern der Fußnoten des Originals wurden in diesem Auszug bewusst beibehalten.]

6 Vgl. Gal. 3,7
7 Vgl. Röm. 11,17-24
8 Vgl. Eph. 2,14-16
9 Vgl. Lk. 19,44
10 Vgl. Röm. 11,28
11 Vgl. Röm. 11,28-29; cf. dogmatische Konstitution, Lumen Gentium (Licht der Nationen) AAS, 57 (1965) S. 20
12 Vgl. Jes. 66,23; Ps. 65,4; Rom. 11,11-32
13 Vgl. Joh. 19,6